AF451846

EXPOSITION

DE LA SOCIÉTÉ DES AMIS DES ARTS

DU LIMOUSIN

COMPTE-RENDU

DES

ŒUVRES DE PEINTURE

SCULPTURE

DESSIN, GRAVURE

ET DES

OUVRAGES D'ART EN PORCELAINE EXPOSÉS

PUBLIÉ

SOUS LA DIRECTION DE LA SOCIÉTÉ

PAR ÉDOUARD HERVÉ

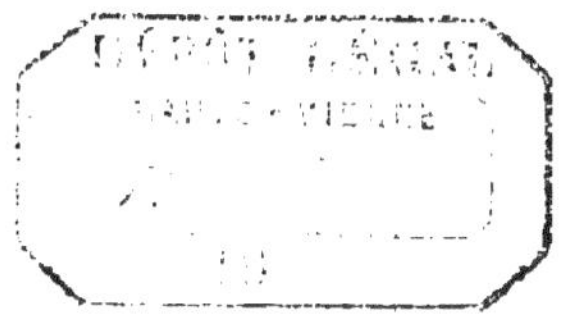

1re EXPOSITION. — MAI 1862

LIMOGES

IMPRIMERIE DE CHAPOULAUD FRÈRES

Rue Montant-Manigne, 1

1862

EXPOSITION

DE

LA SOCIÉTÉ DES AMIS DES ARTS

DU LIMOUSIN

REVUE CRITIQUE

Depuis quelques années, il s'est accompli en province un mouvement intellectuel remarquable. Une espèce de réveil moral s'est produit, et est venu réjouir tous les cœurs attachés à la gloire de notre pays. Ce n'est pas qu'en province la vie animique soit inerte, et que les intelligences soient plongées dans un morne sommeil : loin de là, une foule de bons esprits y conservent leur activité, et la pensée, pour être concentrée le plus souvent, n'y est pas moins vivace que dans les grands centres de population ; mais on peut dire qu'elle y est moins communicative, que les progrès y restent personnels , et que chacun , par une réserve défiante ou une pudeur exagérée , y voile son imagination avec un soin jaloux. De là cette apparence un peu éteinte des physionomies qui fait le désespoir de l'observateur ; de là aussi , et ceci est plus grave, un défaut de contrôle dans les pensées , une absence d'échange dans les idées et les sentiments, qui entravent leur épanouissement et leur progrès ; de là aussi cette insurmontable difficulté à obtenir un effort soutenu en faveur des entreprises d'utilité collective.

Cet état des esprits est funeste au développement moral des masses de la population plus encore qu'aux individus. L'isolement des classes, leur séparation y est plus profonde que dans les grandes villes, et en contradiction formelle avec la tendance de nos institutions ; les relations restent enfermées dans un cercle étroit : tout le monde en souffre, et personne n'ose y chercher un remède, de peur de perdre en considération ce qu'il gagnerait en virtualité. On arrive à considérer comme folie toute tentative hors de ce qui est du ressort de la personnalité, et il semble qu'un désolant niveau s'impose à toute individualité pour contraindre ses énergies et glacer ses élans.

De bons, de généreux esprits luttent contre ce penchant à l'inertie et à la passivité; ils courent l'aventure du dédain qui trop souvent accueille leurs entreprises; ils bravent quelque chose de plus terrible, l'indifférence, et réussissent quelquefois à déterminer des manifestations heureuses, qui réveillent les imaginations engourdies : une vie nouvelle circule alors pour un temps trop court, hélas! et l'on est tout étonné de voir retentir dans la capitale le contre-coup du mouvement qui s'est produit dans les départements.

Notre France est une , et le génie de ses enfants est solidaire ; mais cette tendance ne doit pas allèr jusqu'à l'absorption. Cette délégation perpétuelle faite à Paris au nom de tous pour agir dans l'ordre intellectuel, innover dans les sciences, les arts, l'industrie et la politique, est funeste à notre action utile sur le monde. Car, si les esprits d'élite, obéissant à la puissante attraction de la capitale, émigrent chaque jour vers ce centre d'activité, croit-on que cette absorption continue soit constamment profitable à l'ensemble des progrès? J'en doute pour ma part. Paris restitue difficilement les individualités qu'il a prises, et, en se les assimilant, il leur enlève trop souvent l'originalité native qui eût fait leur force ou leur charme. Elles y perdent le goût de terroir, l'accent du lieu de naissance, la physionomie locale , pour y prendre une banalité cultivée, qui n'en est pas moins une banalité sous des dehors brillants. Ne vaudrait-il pas mieux que l'échange d'idées et de personnes se fît d'une manière plus équitable, et que la vie morale, mieux répartie, remuât les couches profondes du pays, au lieu d'en agiter si violemment les surfaces? ne serait-il pas plus désirable que le progrès, s'infiltrant dans les populations à la manière d'une pluie bienfaisante, y fît germer les semences intellectuelles, au lieu d'agir à la manière des torrents, qui dévastent plus qu'ils ne fécondent?

Ce que nous cherchons dans l'ordre matériel par l'aménagement des sources, par la retenue des eaux fertilisantes sur les terrains déclives, ne serait-il utile à tenter dans l'ordre intellectuel pour un même but d'amélioration, de productivité et de plus juste répartition des lumières?

L'achèvement des voies de communication, l'élargissement des artères par lesquelles circulent les hommes et les choses semble devoir marquer une vie nouvelle pour les départements ; un classement plus normal va s'accomplir dans les industries, qui se rapprocheront et se grouperont autour des lieux où se produisent les matières premières qu'elles transforment ; les nœuds commerciaux vont se former aux points les plus favorables à la distribution des richesses manipulées. A cette révolution économique doit correspondre une évolution aussi heureuse dans le monde des idées.

Elle commence : c'est à l'aider que doivent s'appliquer tous les esprits généreux et doués d'initiative ; car on ne saurait séparer ces deux mouvements sans leur nuire. Ils procèdent l'un de l'autre, comme l'énergie du corps de la puissance de la volonté : *mens sana in corpore sano*. Aussi les voyons-nous s'accompagner dans tous les grands centres, concours régionaux, expositions d'art, fondations de musées et de bibliothèques, encouragements à la main-d'œuvre bien inspirée, récompensés à la persévérance dans les diverses voies ouvertes à l'humaine activité. Tout cela va de pair, et le mouvement, timide au début, se propage avec une constance encourageante pour les initiateurs.

Cependant il y a tant à faire que cette utile agitation bornerait son influence aux surfaces si elle n'était entretenue par de persévérants efforts. L'aube apparaît ; elle colore les sommets, elle n'est point encore descendue dans les vallées : c'est à faire pénétrer sa chaude et vivifiante lumière au sein des populations incomplètement cultivées ou tout-à-fait incultes qu'il faut parvenir, et, pour cela, il faut savoir renoncer à une coupable et déplorable indifférence pour ce qui n'est pas une satisfaction immédiate et personnelle ; il faut, en un mot, savoir faire des avances à l'avenir.

Depuis quelques années, un groupe d'hommes

bien placés par l'intelligence, les services rendus et la
fortune pour agir utilement sur leurs compatriotes
s'est dévoué, dans le Limousin, à la tâche si belle
de raviver le goût des jouissances élevées et le
culte du beau dans une population qui a dû et doit
encore sa prospérité à des industries dans lesquelles
l'art, la science et le métier sont si étroitement
unis. La Société des Amis des Arts du Limousin
s'est proposé un double but : fournir aux artistes
une occasion nouvelle de produire leurs œuvres,
d'étendre leurs relations, et donner une impulsion
plus vive, une direction meilleure à la fabrication
d'objets d'art, d'utilité et d'agrément qui constitue
la richesse du pays. — Elle s'est dit : Le caractère
de l'industrie française c'est le goût, c'est la trans-
figuration des produits matériels par le sentiment
des proportions élégantes, des formes agréables
et des colorations harmonieuses. C'est l'association du gracieux et de l'utile, du confort
et de la beauté. La concurrence s'ouvre aujourd'hui pour toutes les nations civilisées ; les
barrières s'abaissent, les protections tombent ; les
armures prohibitives sont abandonnées d'un com-
mun accord. Bientôt, rendues presque égales par
l'universalité de la science, la vulgarisation des
procédés industriels et la transformation des ou-
tillages, les industries de l'Europe vont se rencontrer dans tous les marchés du monde sur un

pied d'égalité qui peut être dangereux pour celle qui se laissera décheoir, ou qui négligera de progresser. Quel doit être le rôle de la France dans ce grand concours? A quelle condition peut-elle maintenir la prépondérance qu'elle a acquise dans plusieurs ordres de productions ? Comment peut-elle rivaliser heureusement avec les nations concurrentes? Comment peut-elle conquérir une place à part, et s'assurer par suite des échanges avantageux? Comment maintenir l'action civilisatrice qu'elle a toujours exercée sur le mouvement intellectuel par l'esprit innovateur et libéral de ses enfants?

Évidemment c'est dans le développement du sens artistique de la population dirigeante et dirigée, c'est par l'éducation esthétique de tous ceux qui concourent à la production. Qu'est-ce donc que l'esprit de perfectionnement, sinon cette incitation providentielle qui pousse les hommes à mettre d'accord la forme des choses avec la loi harmonique qu'elles contiennent, et que la culture intellectuelle fait transparaître dans tout ce qui existe? C'est ainsi que l'humanité s'assimile la nature tout entière, qu'elle la modèle à son image, la conforme à ses besoins, et l'idéalise par l'incorporation de sa pensée. Les objets les plus matériels prennent alors, au contact de l'imagination, ces formes harmoniques qui les font participer de l'esprit. La fusion se fait

entre tous les ordres de phénomènes et de travaux.
Il n'en est plus alors d'indignes et de grossiers :
l'artisan devient un artiste ; le chef d'atelier, un
inventeur, et chaque jour une relation plus étroite,
une sympathie plus vive unit l'opérateur à son
œuvre ; et la récompense impondérable qui prend
sa source dans une satisfaction intime compense
les rigueurs et quelquefois l'ingratitude du travail.

L'homme condamné au labeur par les nécessités
de la vie voit s'évanouir les dégoûts qui accom-
pagnent les contraintes naturelles ou sociales en
s'intéressant à la profession qu'il exerce, au produit éclos sous ses mains habiles. Au jour où il
comprend la dignité et la grandeur cachées de
l'œuvre à laquelle il s'est associé, il n'est plus pour
lui d'occupation infime, de détail rebutant ; il n'y
voit plus que les préparations indispensables de
cette transformation de la nature qui constitue
notre génie et révèle notre mission dans ce
milieu d'êtres qui concourent, trop souvent sans
s'en douter, à une mystérieuse destinée. Il cesse
d'être un instrument passif pour devenir un coo-
pérateur, et sa dignité relevée lui constitue aussitôt
une noblesse d'attitude qui inspire le respect.

La dignité, ce premier des biens, cette joie du
sage et cette richesse qu'aucune injustice sociale
ou qu'aucune adversité ne peut altérer ; ce trésor
inestimable qui rend la paix aux plus affligés et le

calme devant les misères et les dures épreuves de
la vie ; cette liberté morale que rien ne peut nous
ravir, et qui nous met au-dessus des vaines clas-
sifications et des inégalités factices ; cet aliment
des belles inspirations et des actions généreuses
qui donne la gaîté du cœur et révèle la santé de
l'âme, c'est le travail qui la donne ; c'est lui qui la
conserve, non le travail inerte et sans concours
de l'esprit, mais le travail ingénieux, amoureux
des perfections relatives, qui est à la portée de tout
homme de sens et de volonté, à quelque degré de
la hiérarchie que le hasard l'ait placé.

Lors de la Renaissance, ce n'était pas un
médiocre honneur pour une ville de compter parmi
les porte-flambeaux de la rénovation qui s'accom-
plissait. Limoges l'avait compris, et sa noble
ambition avait reçu la récompense d'une univer-
selle illustration. C'est qu'alors, comme dans
l'antiquité, artistes et artisans, étroitement unis
dans le sein de la corporation, étaient en perpétuel
contact, et que la réaction de l'élément cultivé sur
l'élément manipulateur élevait le niveau général,
et conservait à toute production industrielle ce
rare cachet d'élégance et d'originalité qui nous fait
si avidement rechercher aujourd'hui comme objets
de luxe et d'ornementation des objets destinés à la
vie usuelle.

Nos temps ont séparé ce qui était uni ; ils ont

individualisé l'art. Est-ce un bien? Nous serions presque autorisé à en douter, même en présence des productions les plus remarquables de nos temps. Mais, si ce point est contestable, on peut dire que cette séparation, dans ce qu'elle a d'absolu, a eu une fâcheuse influence sur le goût public.

Il est certain que la disparition des grandes maîtrises d'arts et métiers et des écoles qui les ont remplacées a rendu à l'individualité un essor plus grand, une liberté d'allure plus favorable à l'originalité. On peut dire que la concurrence, se substituant à l'émulation, a forcé artistes et artisans à une production plus énergique, à des efforts individuels plus puissants ; mais la *malesuada fames* a joué là aussi son triste rôle, et bien des avilissements sont sortis de cette dissociation.

Pour que cette évolution fût favorable, il eût été nécessaire qu'elle laissât aux artistes la simplicité des mœurs et l'esprit de confraternité qui animait les antiques corporations de métiers ; mais il n'en a pas été ainsi, et la noblesse de l'art a été profondément atteinte ; les saines traditions se sont presque complètement perdues, et, devant des esquisses informes, données comme des œuvres complètes et des manifestations de génie, le goût public s'est perdu, le sentiment artistique a baissé, ou bien il s'est désintéressé d'un art sans mission.

D'autre part, l'industrie, abandonnée à elle-même, s'est laissé entraîner à des pratiques grossières. S'alimentant à des sources épuisées ou corrompues par des innovations sans règle ni science, elle a poussé rapidement à la décadence des formes et à la dégradation du goût.

M. de Laborde a dit dans son ramarquable ouvrage sur l'union des arts et de l'industrie :

« L'organisation de la maîtrise ou corporation était la source d'une camaraderie qui entrait pour beaucoup dans le nivellement des prétentions. Partant d'un même apprentissage, sortant d'un même rang d'apprenti pour passer maître après avoir fait ses preuves, chacun entrait dans la vie avec plus ou moins de talent, avec la même position, les mêmes droits et le même titre.

» J'attribue à cet enseignement pratique et à cette manière de comprendre la mission de l'artiste toute la perfection qu'on remarque dans cette époque. »

Nous ne saurions formuler de regrets pour une forme d'association disparue, correspondante à des mœurs éteintes, à des besoins et des idées qui ont fait leur temps ; mais ce qui ne saurait être méconnu c'est la nécessité de relier le faisceau disjoint des arts et de l'industrie, et de rétablir les conditions d'une solidarité qui leur a été si profitable.

C'est à la recherche des moyens à employer

pour atteindre ce but que la Société des Amis des Arts du Limousin s'est appliquée ; c'est pour cet objet principal qu'elle a provoqué une Exposition des œuvres de nos meilleurs artistes, et qu'en même temps elle a fait appel aux principaux fabricants, modeleurs et décorateurs de porcelaine, cette industrie essentiellement limousine qui a repris la tradition artistique que lui avait léguée l'ancienne émaillerie.

Son appel a été entendu : la plupart de nos artistes ont répondu par l'envoi d'œuvres distinguées, qu'il nous reste à apprécier dans les pages qui vont suivre.

L'œuvre capitale de l'Exposition de Limoges est, sans conteste, le beau tableau de M. Bouguereau. Importance du sujet, noblesse de la composition, exécution sévère et consciencieuse, tout est réuni pour justifier la sympathie et l'admiration qu'elle a provoquées.

On parle d'une souscription pour l'acquisition de cette belle toile : ce serait pour la ville de Limoges une heureuse inspiration, à laquelle nous applaudirions avec d'autant plus d'enthousiasme que nous y verrions un encouragement à la grande peinture, trop abandonnée aujourd'hui. Le nombre des peintres qui abordent les sujets héroïques, les grandes pages de l'histoire, devient chaque jour plus restreint. La production d'œuvres de longue haleine est bien difficile, il faut le reconnaître : elle exige des études prolongées, des sacrifices considérables, rarement compensés ; et beaucoup d'artistes appelés par leur vocation vers cette large voie ont dû renoncer à des manifestations de talent aussi éclatantes qu'improductives.

M. Bouguereau ne s'est pas laissé rebuter jusqu'ici, et tout ce qui est sorti de ses mains porte un cachet de recherche sérieuse et de conception élevée. La toile qui figure à l'Exposition de Limoges est une œuvre pensée, voulue, caressée par le peintre avec une rare conscience et une admirable volonté.

Nous sommes aux premiers jours de l'humanité : la famille humaine commence, et déjà s'ouvre le drame de ses déchirements. Ève a deux fils ; les joies de la maternité ont compensé pour elle la perte de l'Éden, quand soudain sa félicité est troublée par de cruels pressentiments. La première querelle vient d'éclater, et déjà la violence de Caïn s'est produite en terribles éclats ; la jalousie a mordu cette âme sombre et passionnée, et son venin a décomposé les ferments d'amour que la tendresse maternelle y avait déposés. Les naïves caresses du pauvre Abel ont été repoussées ; une brutale agression a refoulé les affectueuses démonstrations d'un cœur candide : aussi le pauvret, tout éploré, semble demander protection à sa mère. Celle-ci, troublée, ne sachant encore le sujet de cette première querelle, mais saisie d'une mortelle angoisse, appuie d'une main le doux Abel contre son sein, tandis que, de l'autre, elle s'efforce de rapprocher de son cœur le cruel enfant dont le triste naturel vient de se révéler. Son visage, penché vers Caïn, semble interroger avec effroi cette hautaine physionomie, ces traits accentués par la plus cruelle des passions.

« Est-ce bien là, semble-t-elle se dire, le premier fruit d'un premier amour, lui le fort, sur la protection duquel je comptais abriter la faiblesse de mon second fils?... Est-ce bien lui dont l'âme s'ouvre ainsi à d'affreuses sensations?... Qu'est-ce donc, Seigneur, et quel plus cruel châtiment m'avez-vous réservé?... Aux sérénités de l'Éden ont déjà succédé les cataclysmes menaçants : la nature, autrefois prévoyante, tout-à-coup s'est montrée marâtre, et, sans pitié, le ciel et la terre, en proie à d'horribles déchirements, menacent sans cesse la primitive industrie que l'inclémence nouvelle a fait naître ! Ce n'est donc pas assez de cette perpétuelle source d'angoisses et d'incalculables tourments?... Les bouleversements de la terre vont-ils se refléter dans l'âme de mes enfants?... Quel monde d'anxiétés nouvelles, d'alarmes renaissantes ai-je découvert ! »

Telle est la première scène du drame sanglant qui doit marquer l'humanité d'un sceau fatal. C'est la première apparition du mal sur la terre qui nous est ainsi présentée ; car le mal est là tout entier : les rigueurs de la nature ne sont rien : elles donneront l'éveil au génie ; l'étreinte de la nécessité fera jaillir la longue série des créations merveilleuses qui marqueront les développements de l'humanité ; mais l'âpre jalousie, la convoitise insensée, la haine et l'injustice mêleront leur semence amère à tous ces gages d'une prospérité méritée par tant d'efforts. Les richesses naîtront sous la main de l'homme ; mais la violence et l'égoïsme, en viciant à jamais leur répartition, marqueront chaque progrès d'une iniquité, opposeront au travail la dévastation. La guerre, l'esclavage, le meurtre, l'usurpation, toutes les rigueurs, toutes les cruautés sont en germe dans ce premier débat. — Était-il plus beau sujet, scène plus émouvante à retracer? Le choix de M. Bouguereau n'indique-t-il pas tout d'abord un penseur et un poète? Voyons si le peintre a tenu les promesses du philosophe, si le pinceau a su fournir la plastique d'une si grande idée.

Disons-le de suite, car c'est un mérite souvent méconnu par les maîtres, M. Bouguereau a écarté toute préoccupation du pittoresque dans l'accessoire. Rien ne distrait l'œil de l'action. Tout est sobre dans son tableau, couleur, mouvement, attitudes. Les formes sont belles, bien étudiées ; les gestes n'ont rien de déclamatoire ; tout se concentre dans la pensée qu'il a voulu produire. Ève, cette création adorable, qui, dans l'esthétique chrétienne, et avec un charme inconnu aux artistes de l'Hellade, reproduit le type de la beauté, Ève ne répond pas aussi complètement que nous l'aurions désiré à l'idée qu'on se fait de notre mère commune : elle est plus élégante qu'énergique, malgré l'ampleur de ses formes. La figure de Caïn, son attitude farouche et hautaine, ses traits contractés, rendent bien le type conçu. La coloration brune du corps atteste l'influence prédominante de l'énergie corporelle. C'est bien là l'enfant abrupte et sauvage que les feux du soleil ont bronzé pendant les jeux hardis et les courses échevelées. La manière dont il résiste à l'étreinte maternelle rend bien la férocité native de ce caractère et la pertinacité de son ressentiment.

Le mouvement d'Abel est parfait de justesse : il peint l'effroi le plus naïf, et cependant on y reconnaît la câlinerie d'une nature aimante et l'instinctive confiance d'un enfant préféré. Cette figure, la plus adorable du tableau, est complètement irréprochable : dessin, modelé, couleur même, partie faible du reste de la composition, tout se réunit pour faire de cet Abel la plus ravissante des créations.

Nous ne parlerons pas des accessoires : le paysage qui encadre cette composition concourt assez pauvrement à l'effet général. La partie essentiellement défectueuse de cette œuvre c'est une couleur sans puissance, sans éclat, sans variété. Cette monochromie éteint les modelés, appauvrit l'effet, et jette une impression de froideur sur une composition pleine de grandeur et de simplicité.

Autre défaut capital : Ève n'est pas assez émue : sa physionomie ne rend qu'une insuffisante anxiété. Rappelons-nous qu'Ève est ici plus qu'une femme : c'est la mère de l'humanité. La discorde naissante qu'elle cherche à apaiser n'est pas une simple querelle de famille, mais celle de la race humaine tout entière ; les malheurs qu'elle pressent doivent avoir l'espace pour lieu et le temps pour durée.

Pourquoi faut-il que la palette de M. Delacroix n'ait pu être placée dans les mains de M. Bouguereau ? Nous aurions sous les yeux un chef-d'œuvre digne des grands maîtres de la Renaissance.

Faisons une dernière observation d'une importance plus secondaire : les figures sont mal en toile ; leurs dimensions exigeraient un fond plus large et surtout plus élevé ; la tête d'Ève n'est pas assez isolée du cadre : elle manque d'air, et la composition semble étriquée par son enveloppe.

Malgré les réserves que nous venons de faire, nous proclamons hautement le mérite de l'œuvre de M. Bouguereau. La Société des Amis des Arts du Limousin est profondément reconnaissante à cet artiste éminent d'avoir répondu par un envoi de cette importance et de cette supériorité à la demande qui lui avait été adressée. Nous désirons vivement que le Gouvernement, qui chaque année achète un certain nombre d'œuvres d'art dans le but d'enrichir les musées des départements, fasse l'acquisition de ce tableau pour le musée de Limoges.

Le plus grand coloriste de notre temps, l'auteur de tant d'admirables pages qui illustrent nos musées, nos monuments et nos églises, le peintre des *Massacres de Chio*, de *la Barque du Dante*, de *l'Entrée des croisés à Jérusalem*, d'*Héliodore*, du *plafond de la galerie d'Apollon* et de tant d'autres chefs-d'œuvre est représenté par une toile petite de dimension, grande de sujet, puissante d'exécution. M. Eugène Delacroix semble avoir été impressionné par la reprise de l'une des plus belles œuvres de Gluck, si admirablement interprétée par Mme Pauline Viardot il y a quelques mois : il reproduit l'une des scènes de l'admirable tragédie lyrique d'*Alceste*.

Hercule vient d'arracher aux enfers la femme héroïque qui s'est immolée au salut de son époux. Il tient dans ses bras cette victime du dévoûment conjugal, tandis qu'Admète, prosterné, saisit avec un sentiment d'amour contenu et d'admiration religieuse la main d'Alceste. Les génies infernaux, au milieu des flammes qui s'échappent des cavernes, agitent leurs serpents dans une rage impuissante. Au second plan, des prêtres offrent un sacrifice en réjouissance du miracle accompli. La flamme s'élève des autels; le bouc expiatoire vient d'être immolé, et les dieux, désarmés par la vertu d'Alceste, ont accepté la substitution de cette victime à celle qui s'était volontairement offerte à leur courroux.

Voilà certes un admirable sujet, plein d'émotion et de grandeur. Il eût fallu une vaste toile à M. Eugène Delacroix pour rendre une pareille scène avec toute la vigueur de son talent. Alceste est peut-être la plus ravissante création de l'antiquité, la symbolisation du dévoûment conjugal.

Il était impossible d'emprunter à l'antiquité une page plus sublime : la traduire par la plastique est une œuvre qui exigerait les talents réunis de Raphaël et de Titien. On ne peut s'attendre, dans une toile de la dimension de celle qui a été envoyée par M. Delacroix, qu'à une esquisse superbe, une ébauche inspirée, le projet, nous aimons à le croire, d'une toile qu'il exécutera plus tard avec les développements qu'elle comporte et la grandeur d'expression qui lui appartient.

Cette ébauche répond à notre attente. Le trait de génie consiste à respecter le sentiment religieux de l'acte accompli par Alceste en donnant à Admète la pose de l'adoration. Un peintre moins pénétré de ce sujet eût uni les deux époux dans une ardente étreinte : M. Delacroix a donné à chacun de ses personnages, avec un sentiment exquis de justesse et d'à-propos, l'attitude qui convient à son rôle et à ses sentiments.

Reste l'exécution. C'est à la fois la partie forte et faible de l'œuvre : faible par le dessin des figures, forte par l'admirable entente de l'effet, le merveilleux accord et la savante distribution des ombres et des lumières. Il ne faut pas l'oublier, M. Eugène Delacroix est un peintre d'histoire, non un peintre de genre. Ses petites toiles sont l'embryon de grands tableaux : tout y est compris, conçu, exécuté en vue d'un puissant effet décoratif. Il ne faut pas les examiner avec l'œil qui convient à l'étude des œuvres de M. Meissonnier par exemple : ses tableaux doivent être regardés, comme de grandes toiles, sous un angle large et ouvert. Il ne faut pas décomposer l'action et chercher les détails : on éprouverait de singulières déceptions. Comme peintre, M. Delacroix n'a pas d'esprit

dans le sens vulgaire du mot : il manque absolument du pittoresque ordinaire ; l'assiette de ses
compositions est le plus souvent mal établie ; les
figures sont quelquefois burlesques de lignes et
d'ajustement ; mais elles sont toujours mouve-
mentées et puissantes comme tonalité générale. Il
faut, par la pensée, restituer à ses esquisses les
dimensions d'un tableau d'histoire. C'est là ce qui
explique pourquoi il paraît si incompréhensible à
la généralité du public.

M. Antigna a abordé avec une grande énergie de
pinceau l'une des pages désolantes de nos guerres
civiles. Nous sommes en pleine Vendée, au temps
des bleus et des chouans. La scène se passe dans
quelque pauvre chaumière. Toute une famille
éplorée se presse autour d'un paysan blessé, son
chef sans doute, dont la tête, couverte d'un ban-
dage mal affermi, est inondée de sang. Les bleus
vont venir ! on entend leurs pas dans la rue du
village, où les perquisitions sont commencées.
L'anxiété est peinte sur tous les visages. — Ce sont
eux ! — Passeront-ils ? — Vont-ils enfoncer la
porte, et arracher de son grabat sanglant ce pauvre
paysan fanatique ?... L'épouse, exaltée par le
danger, s'est emparée d'une hache ; le fils, agenouillé près de la porte, écoute : son jeune cœur
s'agite à coups précipités ; mais sa main, appuyée

contre terre, tient un pistolet armé. Le dévoûment supplée à l'énergie, et l'on comprend que les bleus fouleront plus d'un cadavre avant d'enlever le chef de la famille. Une jeune fille, à moitié pâmée, se renverse en tordant ses bras dans l'agonie du désespoir ; un enfant, le second fils sans doute, pousse un cri d'effroi qui va trahir la retraite, tandis que, sur le premier plan, l'aïeule, les bras levés, les mains réunies et crispées par une invocation suprême, se jette à genoux, collant son front à la muraille pour se dérober au spectacle d'une lutte sans espoir.

Cette scène est écrite d'un pinceau ferme, précis, énergique, brutal même, qui ne permet pas au spectateur de garder son sang-froid. On oublie tout, peintre et tableau : on ne songe plus qu'aux horreurs de ces luttes fratricides ; on n'a plus qu'une pensée, qu'un désir, qu'un espoir, celui d'éloigner le terrible danger qui menace cette famille.

En présence d'une telle puissance d'expression et d'une telle simplicité de moyens, on oublie qu'on a une œuvre d'art à juger, des procédés d'exé-cution à reconnaître, une étude critique à pour-suivre au point de vue esthétique.

Je comparerai volontiers le tableau de M. Antigna à une scène de certains drames populaires incor-rectement dialoguée, mais vigoureusement conçue et charpentée. La couleur est pauvre et sans modulations ; mais l'effet général est saisissant. L'unité de l'action est bien comprise : aucune préoccupation de style ou de recherche pittoresque n'en distrait le regard et la pensée. M. Antigna, on le sent, est plus encore un penseur, un dramaturge, qu'un peintre. La brosse et les couleurs sont pour lui de purs instruments d'expression : ils ne doivent faire que la grosse besogne : l'émotion du public, son intelligence du sujet, feront le reste.

Si nous descendons à une rapide analyse de ce qui ne saurait être sainement jugé qu'en masse, nous reconnaîtrons que le mouvement qui précipite l'aïeule contre la muraille est d'une rare énergie, et que cette figure est d'un puissant effet. L'enfant qui écoute, partagé entre la crainte et la résolution, est parfait d'attitude, de pose et d'expression. J'aime moins la femme armée de la hache et la jeune fille éplorée ; mais, en somme, aucune des figures n'est un hors d'œuvre dans la composition ; rien n'y refroidit ou disperse l'intérêt. — N'est-ce pas le meilleur éloge que nous puissions faire de cette œuvre importante ?

J'aime moins la seconde toile de M. Antigna, quoique je respecte infiniment le sentiment de profonde et amère pitié qui la lui a inspirée. Une pauvre femme vient de ramasser un fagot de bois mort dans la forêt voisine ; épuisée de fatigue, de faim peut-être, elle n'a pu aller plus loin : le courage et la résignation lui ont failli au dernier moment. Elle est tombée sous le faix : la voilà gisant, morte peut-être comme une pauvre bête de somme à bout de patience et de forces. Elle est seule ; personne n'est là pour lui porter secours, lui offrir le morceau de pain ou lui dire la parole de commisération qui l'eussent ranimée.

Elle expire au pied d'une croix... Est-ce celle du chemin? ou ce signe d'une foi qui, depuis dix-huit siècles, est restée impuissante à faire réparation à tant d'infortunes recouvre-t-il une tombe, celle du dernier des êtres qui ait aimé la pauvre femme peut-être? On comprend alors que, en présence de ce souvenir évanouissement de sa dernière espérance, la triste créature se soit affaissée, et ait déserté la trop rude tâche de la vie.

Rien à coup sûr de plus simple, de plus dramatique que cette seule figure;... mais elle fait mal, et l'on s'en détourne... L'irréparable nous trouve égoïstes; les douleurs trop poignantes nous énervent; le spectacle immédiat et flagrant des misères crie trop haut contre l'injustice ou l'indifférence sociale dont nous sommes tous complices. De pareilles toiles ressemblent à des actes d'accusation : elles serrent trop le cœur pour arrêter les yeux.

Une troisième toile de M. Antigna nous ramène à des pensées plus heureuses. Par une réaction naturelle aux caractères de sa trempe, c'est vers l'enfance qu'il se reporte. Remonte-t-il vers le passé ou marche-t-il vers l'avenir pour échapper aux cruelles inspirations qui reviennent si souvent sous son pinceau? — Des enfants se laissent glisser sur des terrains en pente, tandis que d'autres, en courant, entraînent la pièce de bois qui leur sert de traîneau. Je le dis à regret, M. Antigna n'a pas réussi dans ce tableau à nous donner une véritable impression de gaîté. Le soleil éclaire mal les terrains, la couleur générale est terreuse et sans puissance. Quelques-unes des figures sont bien étudiées; mais les autres manquent de consistance et d'harmonie. Une tonalité uniforme donne un aspect décoloré à toute la composition.

Voici un artiste d'un grand talent, tour à tour exalté et méconnu, dont on a fait un chef d'école, et qui est simplement un peintre d'un incontestable mérite. M. Courbet s'est laissé proclamer l'apôtre du réalisme, et quelques-uns de ses tableaux, en illustrant dans de vastes proportions des sujets d'une flagrante trivialité, ont semblé consacrer cette étrange catégorie de l'art, le réalisme. Il faut avoir déserté le monde des idées pour donner une valeur à de pareils mots. Les gens qui les ont inventés les ont-ils au moins définis? Ont-ils donné une réalité à leur réalisme? Est-ce la poésie du laid, l'apologie de la brutalité dans les formes, de l'incohérence dans les lignes et la couleur, qu'ils ont voulu ériger en principes? ou bien ont-ils voulu ramener l'art à la pure description, à la reproduction servile des objets matériels? Dans ce cas, un progrès de plus dans la photographie, qui permettrait la fixation des couleurs obtenues dans la chambre noire, et le grandissement ou la réduction proportionnelle des images, rendrait l'art inutile, supprimerait, avec les peintres spiritualistes, les peintres réalistes eux-mêmes; le combat finirait faute de combattants; la discussion serait close par un fait de force majeure; M. Courbet n'aurait plus de raison d'être, et ses adhérents, de faire du bruit autour de son nom. Heureusement l'idéal est une faculté inhérente à l'homme, et qui tient à la fois à sa nature une et complexe; son génie le pousse à modifier ce qui l'entoure, hommes et choses, pour l'accommoder à ses besoins, à ses passions, voire même à ses caprices. Sans cesse il combine, associe les gens et les produits en vertu d'une conception de son esprit. N'entendons-nous pas tous les jours dire, par les plus intelligents comme par les moins cultivés, quel que soit le travail auquel ils s'appliquent : « J'ai mon idée »;

et n'est-ce pas là l'expression naïve de l'identité de l'esprit et de l'idéal, l'intelligence engendrant les théories du vrai, du beau et du bien, comme les organes du corps fabriquent le chyle, le sang et la lymphe?

Mais laissons là les définitions, et prenons M. Courbet pour ce qu'il est : un homme d'esprit un peu *poseur* pour me servir d'une expression de ce temps-ci, et pour un artiste d'un très-incontestable talent, auquel nous serons en droit de reprocher, en sa qualité de réaliste, de ne pas assez voir la lumière, et de ne pas l'introduire en proportion suffisante dans ses toiles.

M. Courbet a envoyé à Limoges deux grands tableaux, un portrait et une chasse, qui permettent de juger de la vigueur de son pinceau. On peut ne pas aimer cette manière de peindre, on ne saurait se refuser à reconnaître qu'une pareille puissance d'exécution place cet artiste à côté des maîtres.

Son portrait d'homme est plus grand que nature : cette tête, d'un caractère vulgaire, est cependant animée d'une expression bienveillante : malheureusement on n'y devine aucun rayonnement intellectuel. La pose est simple et sans prétention ; les lumières accusent en vigueur les saillies, et donnent aux ombres un peu d'exagération. Du reste les modelés sont d'une rare énergie, le relief est puissant, l'aspect général sévère. C'est en somme une peinture pleine de grandeur, à laquelle nous n'avons à reprocher qu'une chose, l'emploi de tonalités charbonnées qui répandent un voile de tristesse sur la composition.

La seconde toile de M. Courbet représente le dernier épisode d'une chasse : un cerf est étendu au pied d'un arbre, au bord d'un ruisselet qui s'épanche en cascatelles ; un chasseur s'approche, tenant en laisse un petit épagneul dont la pose et le mouvement sont pleins de naturel, et contemple la bête qui vient d'être abattue. La scène se passe sous une haute futaie qui intercepte un peu trop complètement la lumière. Il en résulte que les arbres sont coupés par le cadre à la hauteur des premières branches, ce qui écrase et rapetisse le personnage principal, dont l'attitude est d'ailleurs merveilleuse d'exactitude et de rendu.

A l'exception des fonds, égayés par quelques rayons de soleil, le tableau est éclairé par une lumière diffuse, terne et monotone. Il faut s'habituer à ce parti pris pour accorder à cette toile la justice qu'elle mérite ; mais, quand on a accepté la donnée du peintre, on reconnaît une justesse merveilleuse dans les rapports de tons, une profonde science d'observation, une exécution sévère et qui ne triche jamais. C'est incontestablement de la grande et belle peinture. Il ne nous reste qu'un regret, c'est de voir un talent aussi sérieux se dépenser dans l'exécution de scènes monumentales d'un intérêt secondaire. Que de sujets plus humains, plus émouvants, réclameraient un pareil interprète !

M. Lenepveu appartient à la même école que M. Bouguereau, avec une plus grande délicatesse dans le pinceau peut-être, avec moins de pureté et d'expérience dans le dessin. C'est un poète, je dirais presque un poète spiritualiste si je ne craignais de dépasser ma pensée, et de laisser croire que j'admets une division réelle, absolue, dans les manifestations de la vie.

Son talent est plus gracieux qu'énergique, plus rêveur que positif : aussi ses compositions sont-elles plus aimables qu'accentuées, son dessin plus fin qu'exact, ses modelés plus caressants que vigoureux. Nous en avons la preuve dans la charmante toile placée sous nos yeux. M. Lenepveu chante une idylle à la jeunesse et à l'amour. Chose agréable à dire ! son talent est jeune, et son pinceau chaste parle d'amour de manière à ne pas trop effaroucher les demoiselles. Il y a bien quelque traîtrise à ce jeu-là, et je ne voudrais pas soulever trop imprudemment les vertes feuilles qui cachent peut-être un serpent dans leurs plis ; mais je n'en ferai rien.

Assise « à l'ombre des forêts », une jeune fille au

corps frais et délicat, aux formes séduisantes, se penche avec une tendre sollicitude vers l'Amour, qui vient d'être piqué par une abeille; elle répond à ses plaintes par un baiser bien innocent sans doute, car la physionomie douce et un peu inerte de la jeune vierge ne révèle aucune émotion indiscrète. Tel est le sujet un peu puéril, mais éternellement jeune, que nous retrouvons avec des variantes sous le pinceau d'Apelles, de Pausias et de Zeuxis, sous celui du Corrège, de l'Albane, du Giorgione et de tant d'autres, comme il se présente à cette heure sous celui de M. Lenepveu.

L'interprétation des peintres grecs nous est à peine connue par les restes d'admirables fresques; celle du Corrège, de l'Albane et du Giorgione émeut encore notre souvenir. La toile qui est sous nos yeux ne l'effacera pas à coup sûr, mais elle n'aura pas trop à en souffrir.

Nous ne reprocherons à M. Lenepveu qu'un peu d'affèterie et d'assez graves incorrections de dessin. Tandis que les modelés de la tête, du cou, des épaules, des bras et de la gorge de la jeune fille sont empreints d'une grâce et d'une incontestable suavité, le bas du corps, enveloppé d'une draperie d'un bleu désagréable, se dessine et se comprend mal.

De M. Lenepveu à M. Giacometti il n'y a qu'un pas : coloration à peu près semblable, sujets identiques. Nous restons en pleine mythologie avec l'Amour, les Nymphes et les Satyres pour acteurs nécessaires. Nous ne les détestons pas d'ailleurs, ces charmantes créations du génie antique, ces immortelles symbolisations des éternels mobiles qui conduisent l'homme ; nous sommes un peu païen, nous le confessons, par le culte de la beauté : on ne peut s'abreuver impunément à ces sources de divine poésie, et l'humanité, qui croit avoir oublié ses anciennes croyances, les retrouve incarnées dans tous les concepts, transformées par les idées nouvelles, mais vivantes toujours, comme un témoignage de son unité à travers les âges, de son immortalité.

On voit que M. Giacometti a vécu au contact des grands maîtres de l'Italie, et qu'il s'est inspiré de leurs compositions. La toile importante de son envoi rappelle, quant à la disposition des lignes, divers tableaux du Titien, du Padouan et de l'Albane. Pourquoi ne leur a-t-il pas emprunté leur chaude coloration? Non pas toutefois que la couleur de la *Nymphe lutinée par un Satyre* soit réellement mauvaise : les nus sont rendus avec beaucoup de charme dans la Nymphe couchée ; nous n'en pouvons dire autant des chairs du Satyre qui soulève indiscrètement les voiles qui la recouvrent :

leur tonalité n'appartient pas aux gammes naturelles. Pourquoi M. Giacometti s'est-il amusé à
découper chacune des feuilles du paysage qui sert
d'encadrement à la scène qu'il a peinte? Est-ce
ainsi que procèdent les maîtres?

Ceux-ci ont soin de ne jamais disperser l'intérêt,
et de rejeter dans l'ombre ce qui n'est que d'importance secondaire. L'accompagnement de leur chant,
si je puis ainsi parler, se fait toujours d'une manière
discrète. Ils évitent surtout les colorations métalliques dans les verdures, et imposent à tout ce qui
n'est qu'accessoire une enveloppe qui les subor-
donne à l'effet général. Je vois que j'ai commencé
par la critique de ce tableau, que j'aime beaucoup
cependant : je suis plus libre maintenant pour dire
combien je suis heureux de retrouver à l'Exposition
de Limoges une toile que j'avais remarquée à celle
de Paris pour ses grandes qualités de dessin et sa
bonne ordonnance. La Nymphe couchée est une
charmante figure ; la pose est pleine d'abandon ;
les formes sont belles et bien modelées ; la tête
respire la volupté. Tout est souple et harmonieux
dans ces fermes contours, et nous profitons sans
protester de l'indiscrétion du Satyre qui livre à nos
regards un si beau corps.

L'Amour se désaltère est bien loin de la belle composition que nous venons d'analyser : nous y
retrouvons quelques-uns de ses défauts et bien peu

de ses qualités. Le corps de la Naïade qui fait boire
l'Amour est d'une ligne assez heureuse ; mais sa
coloration est d'un rose criard, exagéré encore par
les tonalités grises ou vertes des fonds. Quant à
l'Amour, n'en parlons pas : il ne mérite guère
l'attention délicate dont il est l'objet.

Le dernier tableau de M. Giacometti nous avait
glacé : réchauffons-nous devant les toiles d'un
peintre auquel il manque peu de chose pour
prendre place à côté des grands coloristes de l'école
vénitienne.

M. Diaz est fils du soleil, et il a dérobé à l'héritage paternel quelques-uns de ses généreux rayons.
Sa peinture reproduit avec passion les jeux et les
caprices de la lumière sur les objets animés et
inanimés. Sa palette est d'une richesse et d'une profusion incomparables : nudités palpitantes, étoffes
aux brillants reflets, terrains crépitants, fron-
daisons empourprées par les feux de l'automne,
tout cela s'unit dans ses toiles pour en faire de
merveilleux bouquets. Sa peinture lutte sans
efforts contre tout ce qui appauvrit ordinairement
des colorations plus discrètes ou plus timides. La
sensation domine en souveraine dans ses œuvres,
et l'on ne songe guère à lui demander une intervention plus sérieuse de la pensée, une combi-
naison plus heureuse des lignes, un dessin moins

3

sommaire et des modelés plus soutenus. Pourquoi faut-il que ses touches si brillantes se soient alourdies depuis quelques années , et que de téméraires excursions hors du domaine de la fantaisie aient révélé ce qui lui manque d'études profondes et de sentiments épurés ? Mais n'écoutons pas une humeur chagrine , et prenons ce maître, car c'est un maître, avec ses qualités brillantes et ses défauts. Savourons les joies qu'il peut nous donner, sans trop regretter une inspiration plus haute, un plus large savoir.

De ses quatre tableaux, le moins important, *la Caresse de l'Amour*, est celui qui nous plaît le plus. Là nous le retrouvons tout entier, avec sa première manière et une légèreté de main qu'il semble avoir perdue dans *la Charité* et *le Réveil de Jésus*, malgré les incontestables qualités dont fourmillent ces deux dernières toiles, plus savantes, plus étudiées dans les parties de clair-obscur. Il faudrait bien peu pour faire de *la Charité* une œuvre parfaite, expression à part, car M. Diaz ne s'est jamais préoccupé, je crois, du côté intime de la physionomie humaine, et les traits de ses personnages ne sont jamais agités par des émotions parties du fond de l'âme. De belles chairs, des demi-teintes argentées, des ombres chaudes et transparentes, un agencement harmonieux des poses, des rapports de tons surprenants, c'est tout ce que nous devons attendre de lui, et nous ne saurions exiger plus dans ce temps où l'idéal est soumis à la division.

Dans *le Réveil de Jésus*, il y a bien une tendance plus relevée : la Vierge est bien maternelle d'attitude, et l'enfant divin est charmant de pose; mais les anges qui, sur le second plan, semblent fêter l'auguste réveil, par leurs dimensions exagérées, leurs attitudes violentes, appartiennent plus aux légions démoniaques qu'aux phalanges séraphiques : sans cette maladresse, le tableau serait excellent, quoique la touche me paraisse allourdie.

Je parlerai sommairement du *Bas-Bréau*, site de la forêt de Fontainebleau, dans lequel l'opacité des fonds, la pesanteur de la touche et l'uniformité du procédé ne sont pas rachetées par la richesse de certaines tonalités familières à l'admirable palette de M. Diaz.

Ces réserves faites, constatons que le talent de ce grand coloriste est représenté d'une manière brillante à l'Exposition de Limoges.

M. Puvis de Chavannes avait, à la dernière Exposition de Paris, deux admirables cartons évidemment inspirés des plus grands maîtres de l'art. *La Paix* et *la Guerre* révélaient des qualités de premier ordre. Il est représenté ici par deux

tableaux d'assez grande dimension, qui, à mon
sens, ne répondent, ni par la composition ni par
l'exécution, à la grande idée que je m'étais faite
de cet artiste. Pauvrement conçues, nullement
exécutées, *la Fille d'Hérode donnant le signal du
supplice de saint Jean-Baptiste* et la *Julie rentrant
dans son palais et surprise par des soldats* me paraissent manquer à ces deux conditions indispensables à toute œuvre dramatique, la clarté du
sujet, la netteté des intentions. Dans le premier de
ces tableaux, Hérodiade, sur le premier plan,
accompagnée d'une esclave noire, élève frénéti-
quement le bras armé du sinistre plat traditionnel
pour donner au bourreau qui l'attend le signal de
l'exécution. Cette grande figure déhanchée, enve-
loppée d'une détestable draperie verte, manque à
la fois de noblesse et de naturel. La forme du
corps est difficile à démêler dans ce paquet d'étoffes, et ce qu'on en devine est loin d'être agréable
pour un œil qui se souvient de la manière dont
cette physionomie a été rendue par les maîtres.
Saint Jean-Baptiste et le bourreau, dans un lointain
exagéré, sont perdus au milieu des reflets d'incen-
die produits par les torches des hommes d'armes.
L'attitude de la suivante noire, qui, curieuse et
épouvantée à la fois, se penche pour entrevoir le
supplice, est seule naturelle dans cette déplorable
composition.

Je parlerai moins encore de la fille d'Auguste surprise par des soldats au moment où l'incestueuse princesse regagne son palais après une nuit de débauche. La Notice seule peut nous éclairer sur le sujet. L'exécution est encore plus défectueuse que dans le tableau précédent.

Lesueur expirant aux Chartreux, tel est le sujet traité par M. Garin. Le peintre qui a illustré la légende de saint Bruno est étendu sur un fauteuil en face d'une toile inachevée ; des moines s'empressent autour de lui. Le vaillant artiste a long-temps lutté contre le mal qui l'étreignait : il succombe, la brosse à la main, en contemplation devant une ébauche grandiose qu'il vient de terminer. Le calme descend sur ses traits ; la conscience d'une grande tâche accomplie donne à ses derniers moments une saisissante majesté. Quelle belle toile à remplir pour un artiste inspiré ! En a-t-il été ainsi pour M. Garin ? La vérité nous force à dire que l'exécution est restée trop pauvre pour une pareille conception. Lesueur est rejeté presque sur le second plan du tableau, sans qu'aucune intenti on dedétail, aucun jeu de lumière, justifient cette disposition. La scène est mal éclairée ; les personnages manquent d'accent. N'insistons pas davantage : c'est là une de ces honnêtes peintures, sans caractère et sans dis-

tinction, qui couvrent inutilement et par centaines
les panneaux de nos expositions bisannuelles.

Nous voici en présence d'un tableau composé par
un peintre de talent, M. Landelle : trouverons-nous
une compensation aux dures paroles qui, à regret,
viennent de nous échapper? Hélas, non! M. Landelle a été médiocrement inspiré dans *les Femmes
de Jérusalem captives à Babylone*. Les deux figures
qui doivent exprimer les douleurs de tout un
peuple, symboliser le génie puissant d'une race
vouée à d'incessantes persécutions, ne sont pas
assez belles, assez nobles, assez touchantes pour
rendre une pareille idée. D'un dessin faible, lâche,
d'une couleur sans énergie, elles n'ont pas la
suprême mélancolie qui convient à de tels malheurs. La figure principale surtout est complètement manquée; la seconde répondrait mieux à la
pensée de l'artiste : elle ne manque pas d'une
certaine poésie indécise; mais le peintre s'est
arrêté à l'intention, et l'émotion qu'il a voulu pro-
voquer chez les spectateurs est restée confuse.

Une petite tête d'étude, placée au fond de la
galerie, et du même auteur, rappelle la dernière
manière de Paul Delaroche, celle à laquelle nous
devons *les Saintes Femmes*. Ici, nous le disons avec
empressement, il y a une inspiration réelle et une
exécution suffisante.

Arrêtons-nous en face de *la Dernière Pensée* de
M. Protais : là nous allons retrouver l'émotion
perdue, et cette fois nous ne pourrons y échapper.

Le soleil s'est couché sur un champ de carnage ;
la victoire a fait sa moisson d'existences humaines :
une page glorieuse de plus a été ajoutée aux
annales de l'histoire. Nous sommes prêts à oublier
de quels matériaux l'orgueil et l'ambition fondent
leur prestige, bâtissent des renommées : une dernière scène va nous rendre à de plus salutaires
enseignements. Étendu, la face tournée vers le
ciel, un soldat est là, seul survivant d'une lutte
qui a jonché le terrain de victimes. Une triste
brume, la buée du sang humain peut-être, s'élève
de cette moisson d'hommes, presque tous jeunes,
fauchés dans la fleur de leur vie et de leurs espé-
rances. Le survivant est à sa dernière heure ; sa
pensée s'élève doucement, se dégageant peu à peu
de souvenirs pleins de regrets : l'âme semble
essayer ses ailes pour prendre son vol, et formuler
un dernier vœu en faveur de ceux qu'elle a chéris.
Rien n'est plus simple que cette composition, rien
aussi n'est plus touchant : on sent que le peintre
qui a écrit cette page funèbre a médité sur les
lendemains de victoire, tristes décomptes de bien
faux calculs. Nous aimerions à voir M. Protais
laisser à des esprits moins distingués l'illustration
des batailles ; mais, puisqu'il a adopté cette voie,

nous lui savons gré de préférer le côté humain de ces sanglantes épopées aux scènes de boucherie qui servent presque toujours de cadre à la personnalité d'un général heureux.

La seconde toile de M. Protais saisit une colonne de zouaves au moment où elle défile joyeusement sous les regards du soleil, après être sortie d'un défilé dont les contre-forts couvrent les fonds du tableau. Un officier à cheval presse leur allure rapide, qui soulève la poussière du chemin. Cette petite page est écrite facilement, au bout de la brosse, et n'en est que plus sincère d'aspect et de rendu.

M. Tabar possède ce qu'on appelle parmi les artistes un vrai tempérament de peintre : il procède de Salvator, de Ribera et de M. Delacroix par la fougue et l'énergie. Malheureusement on ne saurait le juger sur les toiles qui sont devant nos yeux. Nous connaissons de lui un *Saint Sébastien* qui est une œuvre réellement magistrale, et que ne désavoûrait pas l'un des maîtres de l'école espagnole ; d'autres toiles le rapprochent de la manière de Salvator et de Decamps.

Rien ne révèle dans son talent l'école dont il est sorti, celle de M. Delaroche : je ne lui en fais pas reproche ; mais je voudrais qu'il en eût conservé un sentiment plus réel de la ligne, une fidélité plus scrupuleuse du dessin : il n'aurait pas commis les erreurs qui déparent son tableau de la *Phryné*. Est-ce bien là ce merveilleux type de beauté qu'un sévère aréopage n'osa pas condamner, la prenant sans doute pour une incarnation de la mère des amours ? Ces tristes vieillards si maladroitement groupés représentent-ils l'auguste tribunal ? Ces contours sans grâce, ces attaches sans harmonie, ces modelés incertains, ce cou mal réuni aux épaules, cette gorge sans proportion, appartiennent-ils à la Phryné, à la Vénus impudique, qui, tout impudique qu'elle puisse être, n'en est pas moins une Vénus, un miracle de beauté ?

Passons ! Il est triste de constater de telles erreurs chez un homme d'un mérite reconnu.

Salvator Rosa chez les brigands, tel est le sujet du second tableau de M. Tabar. Ici nous sommes plus à l'aise pour parler d'un artiste que nous aimons beaucoup, et dont le talent nous est très-sympathique. Voici une peinture qui a son unité d'intention, *qui se tient bien*, comme on dit dans la langue des ateliers. Salvator est dans l'attitude consacrée par la tradition : il dessine la scène pittoresque qu'il a sous les yeux ; un brigand placé derrière lui, et revêtu de ce costume, mi-parti cuirasse, mi-parti haillons, illustré si souvent par Decamps et Guignet, suit des yeux les progrès de l'esquisse du grand artiste, pendant qu'un second

partisan, couché aux pieds de ce dernier, contemple
la scène reproduite. Le second plan est séparé du
premier par un ravin ; de grands arbres abritent le
campement des condottieri. Un ciel mouvementé,
des lointains estompés, quelques rochers : tel est
le tableau. Il est peint d'un seul jet, franc de ton
et d'une assez bonne couleur. Puisque nous étu-
dions M. Tabar, complétons l'analyse de son envoi
en mentionnant une toile représentant de vulgaires
légumes, *un chou-fleur et des oignons*, je crois,
mais des légumes peints avec une brosse énergique,
qui malheureusement ne lui a pas servi dans l'exécution des tableaux plus sérieux dont nous venons
de parler.

Une copie de l'un des fragments de *la Bacchanale*
du Titien, qui est au musée de Madrid, un portrait
en pleine lumière et une délicieuse tête d'enfant
composent l'exposition de M. Ricard. C'est assez
pour prouver le mérite hors ligne de cet artiste.
Nourri des maîtres italiens par une étude approfondie dont la belle copie citée plus haut est
l'incontestable preuve, M. Ricard est un peintre
robuste qui ose souvent beaucoup, parce qu'il a
conscience de sa force et de son savoir. Toutes les
ressources du métier lui sont connues : il a surpris
les secrets des maîtres dans sa longue intimité avec
leurs chefs-d'œuvre ; il s'est empreint de leur génie

au point quelquefois d'être leur pastiche. Si quelques beaux portraits ne prouvaient une véritable et puissante originalité, on croirait, en constatant dans sa peinture l'empreinte donnée ordinairement par le temps au coloris, qu'il a trop pris aux grands artistes qui l'ont inspiré. Son *Petit Pâtre tenant une flûte* est une toile d'un beau caractère et d'une étude profonde : la pureté des yeux, l'assurance du regard, la finesse des modelés, ces transitions délicates qui unissent et fondent les contours sans leur faire perdre leur accent, appartiennent bien à l'enfance : ils sont son exclusif apanage. Peut-être pourrait-on reprocher à M. Ricard un abus de certaines tonalités vitreuses qui sentent l'émail; mais peu importe le procédé quand on arrive à cette intensité d'effet, à cette vigueur d'expression.

Le portrait de M. Arthur Begneirs, une tête d'homme, traité largement, nous prouve la franchise et l'audace du peintre qui n'a pas craint d'aborder en pleine lumière une figure blonde, presque scandinave, sans autres oppositions que celles qui résultent des transparences de la peau et d'une circulation active du sang sous de fins tissus. Point de recherche inutile dans ce portrait, sorti de plein jet du pinceau de l'artiste; mais quelle vie réelle! comme les saillies du front arrêtent bien la lumière, et quelles savantes modifications subit la coloration en s'inclinant aux tempes, où transparaît le réseau des veines! comme la bouche respire bien la santé! Un maître seul sait vouloir et braver de telles difficultés.

La Rieuse exposée par M. Glaize rit-elle? fait-elle la grimace? Nous ne saurions trop le dire. Le sujet lui-même permet les deux interprétations, ou, pour mieux dire, la grimace se mêle au sourire dans son expression. Cette jeune fille joufflue, aux fortes pommettes, vient de mordre dans un citron : la sensation éprouvée tient plus de l'agacement que du plaisir. A ce titre, l'artiste a réussi à nous communiquer l'impression reçue par son sujet, et il est impossible de regarder cette peinture sans être agacé. L'audace ne messied pas au talent, dit-on, et certes M. Glaize, l'auteur du *Pilori* et de tant d'autres belles toiles, est un homme d'un incontestable talent; mais nous aurions aimé à le retrouver sous des dehors plus agréables. La tête est bien modelée, trop modelée peut-être, puisqu'elle ressemble à un masque de théâtre. Quant à la tonalité rose qui s'étend de la figure aux épaules, à la poitrine, aux bras et aux mains, elle est d'une désespérante uniformité. Quand le peintre a-t-il jamais vu des bras et des mains exactement de la même coloration que les parties les plus délicates de la poitrine?

M. Jandelle est élève de M. Diaz : le livret n'a pas besoin de nous le dire ; il est sorti de l'atelier du maître avec son bagage de Nymphes et d'Amours, mais il n'en a pas emporté la palette. Il arrive à faire illusion peut-être aux gens dont le sens n'est pas très-délicat, car le procédé est le même, même la manière de grouper les figures, de les éclairer : les mêmes empâtements, la même recherche de touches ; mais tout cela passé, éteint, fané. *La Nymphe à la toilette* est un pastiche de M. Diaz, moins la transparence et la finesse du ton. C'est tout ce que nous en pouvons dire.

Voici encore un pasticheur non de M. Diaz, mais de M. Gérôme. *Le jeune Enthousiaste*, de M. Émile Lévy, est un gamin de la vieille Rome qui applaudit à l'un de ces éphémères triomphes qui menaient du Capitole à la roche Tarpéienne les empereurs improvisés par des prétoriens ivres. Pendant qu'il s'exclame, un sénateur sceptique lève la tête, et contemple l'enfant avec une expression qui donne beaucoup à penser sur la durée du nouveau règne. Ce sourire narquois, cette intention bien évidente, quoique très-fine, est presque un trait de génie, et le peintre qui l'a trouvée est à coup sûr un penseur, un philosophe. Pourquoi l'exécution de cette toile est-elle si pauvre ? Empruntez à M. Gérôme ses qualités, monsieur Lévy, mais laissez-lui ses défauts : ne les exagérez pas surtout.

Avez-vous lu *Teverino*, lecteur, une délicieuse nouvelle de Georges Sand, dans laquelle ce divin conteur met en scène le génie de l'improvisation et de la poésie inculte? Jamais l'illustre écrivain ne s'est montré plus artiste, n'a trouvé des créations plus ravissantes d'entrain, de grâce et de fantaisie. *La Fille aux oiseaux* est une figure d'une pureté idéale, séraphique, qui exerce une fascination incompréhensible sur toute la gent empennée. Par une divine incantation, elle attire sur ses pas les merveilleux chanteurs des bois. La pauvre fille vit de ce doux charlatanisme entre le rêve et la réalité. M. Legras a été séduit comme tant d'autres par cette création du poète : il a voulu lui donner un corps, une harmonieuse réalité. Hélas ! il n'a pas réussi.

Voyez la douce et triste physionomie de cette *Veuve* qui sort de l'église tenant un enfant par la main. Son âme vient de s'épancher en une fervente prière, dernier déchirement d'un amour brisé dans sa fleur. Oubliez le costume très-exact et très-pittoresque qui attirera votre regard ; ne songez qu'à l'émotion réelle du personnage, à sa touchante affliction, et vous deviendrez sympathique au talent de M. Marchal, en dépit de sa couleur sèche et heurtée, de son dessin rude et sans charme, quoique exact et sincère.

M. Hamman est un habile costumier, un plus habile tapissier encore. Il aime à trouver sous sa brosse la soie et le brocard, les meubles somptueux et les précieuses étoffes. La merveilleuse adresse avec laquelle il donne à un intérieur le cachet de la magnificence lui fait perdre de vue les scènes dramatiques qu'il a entrepris de reproduire. L'œil, surpris, distrait par le fini des détails, oublie trop facilement qu'il assiste à des scènes historiques d'une grandeur autrement sérieuse que les accessoires dans lesquels elles sont noyées. Le drame a pour cadre un magnifique palais; mais ce palais ne doit être qu'un cadre pour les augustes personnages qui s'y meuvent en ce moment, sans grand souci des splendeurs qui les environnent. Il s'agit bien en effet d'un détail : c'est le pouvoir, c'est l'autorité souveraine qui est ici en lutte contre le génie, et veut se soustraire à sa tyrannique influence. L'heure d'une lutte suprême a sonné : qui en sortira vainqueur, de la reine ou du cardinal-ministre ? Louis XIII vient de céder : on a réveillé dans cette âme débile mille souvenirs d'humiliations inavouées ; une promesse solennelle vient d'échapper aux lèvres royales : l'éloignement du grand homme d'État est résolu. A ce moment, la portière se soulève. Richelieu, le visage calme, impassible, mais l'âme gonflée de ressentiment, apparaît sans avoir été appelé. La reine, indignée, saisit le bras du roi, qui déjà hésite et pâlit sous le regard de son ministre. L'exil de la reine, la confusion d'un parti puissant, de cruelles représailles, vont sortir, imprévus, de cette terrible entrevue, et clore la journée des Dupes.

Pouvait-il s'offrir à un peintre d'un remarquable talent un sujet plus rempli d'émotions profondes? Était-il besoin de dimensions plus grandes? Paul Delaroche ne disposait pas d'un cadre plus vaste quand il a peint l'*Assassinat du duc de Guise*, et il a atteint le but. Il n'en a pas été de même de M. Hamman, et cet artiste est resté un peintre de genre en présence de cette admirable page d'histoire. Le velours du manteau royal, les détails des costumes de la reine et du roi, la richesse de l'ameublement, captivent l'œil, éveillent la curiosité, mais laissent le cœur froid. Ce n'est que par réflexion, et après avoir inventorié le mobilier, que le regard est ramené vers les personnages, et qu'on a conscience du drame qui commence.

Faut-il nous rabattre maintenant sur l'incroyable habileté, la souplesse de pinceau, l'harmonie avec laquelle l'architecture, l'ornementation des panneaux, la richesse de l'ameublement, sont rendues? Qui doute du talent de M. Hamman? — Pourquoi n'a-t-il pas évoqué le souvenir de son *André Vésale*, de sa *Leçon d'anatomie*, où tout cela se trouvait mis au service d'une impression saisissante, d'un effet dramatique concentré?

La seconde toile de M. Hamman nous transporte à Venise, sur les marches du pérystile d'un palais baigné par les flots de l'Adriatique. Une jeune patricienne assiste aux jeux de ses enfants ; un jeune page, agenouillé, fait flotter une gondolette qu'un petit bonhomme, campé les mains derrière le dos, contemple avec un sérieux qui ferait sourire s'il ne révélait déjà les préoccupations d'un futur amiral de la sérénissime république. Nous aurions bien à dire si nous n'avions été déjà trop sévère par devoir, par respect pour un véritable talent. La scène et les personnages me semblent manquer d'harmonie ; la tête de la mère est sans expression ; les eaux de la lagune sont sans transparence, etc.... Mais passons ! on nous croirait en veine de mauvaise humeur, et tel n'est certes pas notre cas.

Si fait cependant, et cette fois nous n'avons pas à le cacher à M. Hamon, dont la sotte peinture évoque dans la Notice le souvenir d'une délicieuse méditation de M. de Lamartine. Puisse son *Espérance* faire naufrage, et l'ancre ridicule qu'elle porte à la main la retenir au fond de l'eau !

Les *Colporteurs espagnols* de M. Hédouin ne nous rendent pas la sérénité dont nous aurions besoin. C'est là de la peinture habile, mais creuse, sans saveur et sans accent. Une tonalité violette sert de dessous à l'ensemble de la toile, ciel, personnages et terrains, et lui donne le caractère d'une peinture sur porcelaine. L'adresse de la touche ne rachète pas ces défauts. Nous avons souvent trouvé M. Hédouin mieux inspiré, et c'est pourquoi nous insistons, sans danger d'ailleurs pour ses intérêts, car il est évident que sa toile séduira à première vue, et que nos réserves ne feront pas oublier le charme trompeur dont il a su la revêtir.

Nous fêterions *le Retour* du guerrier bardé de fer de M. Holtezappet si la joie des jeunes filles qui l'accueillent était plus discrète ; mais elle attire l'attention sur une toile où la lumière et l'intérêt sont beaucoup trop dispersés. Reconnaissons toutefois une franchise de touche qui mérite d'être encouragée.

Vous souvenez-vous de Decamps, de sa terrible *Bataille des Cimbres*, cet immortel chef-d'œuvre que nous voudrions au musée de Paris, et qui malheureusement est enfoui dans quelque galerie particulière. M. Hugues Martin a voulu aborder le même sujet. Dieu me garde de lui en faire un crime ! mais la tentative n'a pas été heureuse : elle rappelle trop et pas assez le maître. Il a donné sur l'écueil, et s'y est brisé. Malgré d'incontestables et sérieuses qualités, son tableau inspire des regrets, et ne laisse pas de suffisantes satisfactions. Pourtant il y a de la fougue et du tempérament dans cette peinture : on sent qu'on a affaire à un véritable artiste.

Nous le retrouvons dans une autre toile, une *Marche dans le désert*. C'est bien en effet le désert avec ses terrains calcinés par le soleil et l'absence de toute végétation ; seulement les chameaux sont ici remplacés par des éléphants, qui vont d'une allure pressée comme des bêtes intelligentes qu'elles sont, impatientes d'échapper à une véritable torréfaction. Nous compatissons trop à leur supplice pour les retenir davantage sous notre regard, malgré le plaisir que peuvent nous causer leurs silhouettes réussies.

Reposons-nous dans ce *Parc* et sous cette *Lisière de bois* du même auteur, et sachons-lui gré de nous avoir réservé ces abris touffus. Pourquoi faut-il qu'on y respire un peu difficilement, et que l'air circule si mal dans ces feuillages pressés ? Le site paraissait si agréable à première vue ! Remettons-nous en route, mais ne donnons pas l'éveil aux *Védettes* de M. Paternostre. Elles sont là, la carabine au poing, et, quoiqu'elles portent une cocarde qui est la nôtre, un malheur est bientôt arrivé, et nous ne voudrions pas partager le sort d'un Croate démesuré dont le cadavre s'étend à moitié caché par les joncs d'un marais.

M. Paternostre est un disciple posthume de Géricault : on reconnaît l'influence heureuse de ce maître dans la manière dont il peint les chevaux. Son portrait équestre intitulé *En avant !* rappelle de loin et en petit l'immortel hussard du Louvre. J'aime mieux cependant les deux chevaux à l'écurie qui complètent son envoi. Son cheval gris est d'une facture large et d'un effet saisissant. M. Paternostre est un peintre de batailles : mieux que personne il possède l'art d'enlever un cavalier dans une course rapide à travers les champs jonchés de mourants et de débris. Regrettons de ne pouvoir le juger sur des pages plus importantes.

Je suis d'avis que, lorsqu'on tient des brigands, fussent-ils des Abruzzes et pittoresquement affublés de chapeaux pointus ornés de rubans et d'une profusion de bibelots intéressants, il faut les exécuter d'un seul coup et pour n'y plus revenir. Ainsi ferons-nous pour ceux de MM. Léon Cogniet, Curzon et Jacquand. Celui de M. Léon Cogniet possède une belle tête qui me réconcilierait avec sa profession s'il était dans un paysage d'une autre couleur. Mais j'aime mieux me rappeler d'admirables œuvres de ce maître que m'arrêter ici. *Le Bandit* de M. Jacquand fait bien tout ce qu'il peut pour m'intéresser, mais je préfère me mettre hors la portée de son espingole.

M. Émile de Frenne est un coloriste de la bonne école. Rien d'harmonieux comme la *Salle des Brasseurs à Anvers*. La lumière pénètre dans cette salle, richement tendue de cuirs repoussés et dorés, avec une puissance et une vérité admirables. Elle s'accroche aux aspérités des meubles, glisse sur les dalles en mosaïque, rebondit, met en saillie mille charmants détails, et remplit tout cet intérieur de chauds rayons. Un moine est là feuilletant un manuscrit. Comme il doit s'y trouver bien ! On oublie un dessin un peu mou et indécis quand on est sous la séduction de ce pinceau.

J'aime moins la toile, plus importante, de cet artiste intitulée *Enterrement d'un vieux soldat légionnaire à l'hôtel des Invalides*. L'ordonnance en est bonne cependant. L'attitude de ces braves débris de nos victoires est recueillie, sympathique ; on sent bien que, lorsque viendra le suprême appel, ils pourront dire : « Présent ! » avec l'intrépidité qui les accompagnait sur les champs de bataille.

Sans sortir de l'église, nous nous trouvons, avec M. Luminais, en présence d'une scène intéressante traitée avec beaucoup de charme et d'ingénuité. Une jeune paysanne vêtue d'habits grossiers, d'une physionomie douce et naïve, soulève son jeune frère, qui cherche à plonger la main dans un bénitier trop élevé pour sa petite taille. L'effort de la pauvrette, la gaucherie et le bon vouloir du garçonnet qui se cramponne, sont rendus avec infiniment d'esprit. Un vif rayon de soleil se répand sur toute cette scène, et lui donne un charme très-réel. Nous aurions dû attendre plus de fermeté dans le modelé de ces figures; les haillons de la jeune fille emprisonnent-ils un corps? le mouchoir bleu qui enveloppe la tête en donne-t-il les contours?

Un grand panneau décoratif du même peintre représente un *Rendez-vous de chasse*. Les cavaliers gravissent une route ombragée de grands arbres ; on aperçoit au second plan une auberge à la porte de laquelle sont arrêtés des chasseurs qui se souhaitent la bienvenue. Au fond apparaissent d'autres groupes pressés d'arriver au rendez-vous. De l'animation, un bon effet décoratif, est tout ce que l'on peut demander à ce tableau rapidement brossé et franchement peint. Nous nous plaisons à constater que le résultat est obtenu.

Deux autres toiles de petite dimension, mais d'une impression plus délicatement rendue, nous parlent également de chasse. Dans la première, des chasseurs montés sur des bêtes de race passent un gué ; le soleil se lève derrière la berge élevée, qu'escaladent les premiers groupes, et se reflète dans l'eau troublée par les pieds des chevaux. C'est bien là le calme du matin et sa lumière un peu froide trempée de brumes légères. Cette petite toile est pleine de finesse et de sentiment. La seconde représente des chiens en défaut cherchant à retrouver leur piste au milieu de terrains serrés de buissons et d'ajoncs.

Aimez-vous les pastorales, non les pastorales coquettes et fardées, mais bien ces scènes villageoises franches et naïves que l'auteur de *la Mare au Diable*, de *la Petite Fadette* et de *Benoist le Champy* a su faire comprendre et aimer, arrêtez-vous devant les tableaux de Guérard, une bonne et droite nature, qui peint comme il sent, avec bonne foi et émotion. Comme il a su rendre avec sincérité l'amour du pauvre pour sa progéniture, ces trésors d'affection que déversent les âmes simples sur les faibles et les petits, et qui sont la compensation des misères qui les attendent plus tard ! C'est la bonne vieille grand'mère assise près d'une fenêtre, un vieux livre à la main, guignant du coin de l'œil le pauvret qui s'impatiente, et dont les lèvres gourmandes attendent le sein qu'une douce et tendre mère s'empresse de lui offrir. On sent bien, dans cette scène sans apprêts, la sollicitude et la communauté d'affection qui les unit. Pourrions-nous, en présence des *Deux Mamans*, chercher chicane à M. Guérard pour un dessin un peu faible, quelques gaucheries d'exécution rache-

tées par un sentiment si vrai et si humain? Non !
nous réserverons nos rigueurs, si tant est que nous
puissions être bien sévère, pour sa seconde toile, *une
Partie de main chaude*, qui n'a pas toutes les qualités
de plein air et d'illumination solaire qu'exigeraient
la scène et son cadre naïf. Nous relèverons des qualités d'observation fine et délicate qui nous désar-
ment, tout en faisant nos réserves relativement à
l'incorrection des figures, au mauvais accord de
certaines tonalités qui crient l'une à côté de l'autre.
Il faudrait pousser davantage les tableaux de cet
ordre : plus ils sont naturels, plus ils offrent de
points de comparaison et de prise à la critique.

M. Laugée vient d'envoyer un peu tardivement
un charmant tableau où l'on retrouve les qualités
qui le placent à un rang si élevé parmi nos meilleurs artistes. Nous sommes au cœur de l'hiver ; la
neige est accumulée sur la terre ; des brumes
légères, interposées à l'horizon, répandent sur le
ciel une coloration rose. On aperçoit au loin les
premières maisons d'un village. Sur le premier
plan, des gamins cherchent à escalader une pente
escarpée et glissante ; d'autres gamins, armés de
boules de neige, les repoussent. Quelques-uns sont
précipités par une culbute désespérée ; ils se
cramponnent et s'entraînent. Dans un coin, se
remarque l'épisode indispensable de toute bataille :

un blessé étanche avec sa chemise le sang qui
s'échappe de son nez, pendant qu'un de ses
camarades, furieux, serre un mouchoir autour de
son genou.

Cette scène naïve est peinte avec un naturel et
un entrain admirables. Les mouvements, les
attitudes, sont parfaits. Tout concourt à l'effet,
et l'impression produite est on ne peut plus
heureuse. Le groupe des blessés est d'une expression saisissante.

Des scènes de la vie agreste remontons, avec
M. Tissot, aux inspirations des poètes allemands.
Ne nous laissons pas absorber par les détails de
couleur locale qui surabondent dans cette toile, et
qui captivent forcément l'attention. Nous sommes
bien en Allemagne, personnages et accessoires, et
il y a loin du Faust interprété par M. Tissot à celui
que nous connaissons par les admirables toiles
d'Ary Scheffer. Nous préférons à coup sûr l'interprétation poétique de ce dernier maître à l'inspiration plus allemande de ce Germain de Nantes
qui paraît contemporain et compatriote des Holbein
et des Albert Durer; mais nous ne pouvons nous
défendre d'une vive sympathie pour la trilogie de
toiles intéressantes dont le tableau de Limoges est
détaché. Ainsi isolé, le *Faust à l'église* se comprend moins pour l'amateur éclairé, et pas du tout

pour celui qui ne connaît pas les écoles des différents pays de l'Europe. Qu'on s'arrête pourtant; qu'on examine avec prudence et désintéressement, et l'on sera frappé de l'accent profond de cette physionomie tudesque et de l'expression naïve de la Marguerite dont les mains se joignent pour la prière derrière le banc et les piliers qui la séparent du chœur. Nous sommes en pleine légende, qu'on ne l'oublie pas, à la source où a puisé Gœthe, et la toile de M. Tissot nous donne plutôt le thème primitif que celui du grand poète allemand. Ne rappelons pas le reproche qui peut-être lui a été justement adressé : celui de pasticher Leys, et de rechercher une originalité vieillotte et une naïveté archaïque qui n'est pas de notre pays et de notre temps. Notre avis est qu'avant tout il faut parler comme on sent, interpréter comme on le comprend, dussent ce sentiment et cette interprétation sortir des données acceptées.

M. Meynier a voulu sans doute évoquer, dans une petite toile intitulée *Episode du massacre des Innocents*, le souvenir de Poussin, car la tournure, le mouvement et la coloration de certaines figures qui animent son tableau rappellent ce maître, et lu appartiennent évidemment : ce sont les meilleures : pourquoi les autres ne leur ressemblent-elles pas? M. Meynier aurait fait une bonne peinture. Constatons cependant que cet artiste est dans une bonne voie, et qu'il a tout ce qu'il faut pour la poursuivre avec succès.

M. Brion s'est montré parcimonieux : il n'a envoyé qu'un petit tableau de chevalet, *le Grand-Père*, qui ne peut donner une idée exacte de son beau talent : non pas que cette toile manque de qualités, mais nous sommes habitués à mieux de la part d'un artiste de ce mérite.

Le côté épisodique des batailles a pour interprètes plusieurs peintres habiles : le plus spirituel d'entre eux est à coup sûr M. Bellangé. Le fils semble avoir hérité de l'entrain du père. L'*Épisode de Magenta*, la *Culbute de Palestro*, continuent la tradition. Nous n'aimons le zouave que dans les bulletins officiels : cependant il s'est introduit avec tout le sans-gêne dont il est capable dans la peinture de genre, et quelques artistes de mérite vivent en pleine intimité avec lui depuis tantôt dix ans, ce qui prouve qu'ils s'en trouvent bien. Suivons-les donc au bivouac et à l'embuscade, au feu même puisqu'il le faut, et efforçons-nous d'y trouver de l'agrément.

Aimez-vous la *Sentinelle, prenez garde à vous !* de M. Lepipre? Pour moi, je trouve que, après avoir tué ce pauvre diable d'Autrichien, notre zouave aurait pu se dispenser de tendre un aussi affreux guet-apens aux deux malheureux Kaiserliks qui s'avancent avec tant de confiance vers le bâton surmonté des effets de leur compatriote. Ce n'est pas mal peint, mais c'est inhumainement pensé. Après tout, me direz-vous, telle est la loi de la guerre. Je répondrai qu'on pourrait laisser de pareils souvenirs sur le champ de bataille, sans les éterniser par le pinceau. *Le Soldat blessé* de M. Richard est une honnête peinture. Nous n'en dirons pas autant du *Bivouac* et de *la Toilette des Zouaves* de MM. Worms et Aussandon : quand le soleil regarde nos soldats, il doit le faire avec plus de complaisance et moins de brutalité. Tout est cru, sec et cassant dans cette couleur : c'est bien assez déjà d'être agacé par l'abus du garance, du fez et des amples pantalons à la turque.

Nous ne pouvons garantir l'exactitude de la ressemblance dans le portrait de Mgr Fruchaud peint par M. Bourgoin. Nous ne sommes compétent qu'à juger des qualités picturales de cette œuvre, qui est loin de nous satisfaire. La touche est lourde et molle. M. Bourgoin aurait pu s'inspirer heureusement d'une foule de beaux portraits de l'école française : il eût donné plus de dignité à la physionomie, plus d'ampleur et de souplesse au costume et aux accessoires. Quoique cette peinture soit assez pauvre d'exécution, nous la préférons cependant aux trois tableaux de genre du même artiste. Pour faire valoir de semblables scènes, il faut une brosse plus légère et une observation plus fine et plus délicate.

Non loin du portrait de l'évêque de Limoges, nous rencontrons une toile de Mme Baraton, artiste de cette ville, dont nous apprécions les remarquables efforts et les bonnes tendances. Le portrait de Mlle C. Zyzniewska renferme des qualités très-appréciables, qui, sous une direction un peu sévère, donneraient de bons résultats. Si nous rapprochons cette toile de celle qui l'accompagne, nous constatons d'énormes progrès. Le portrait de Mlle Isabelle B... est l'œuvre d'une élève dont nous aurions désespéré ; celui de la jeune dame polonaise est bien près d'être celle d'un artiste.

Ceux qui veulent se faire une idée des *Différentes manières de voyager* peuvent interroger les toiles de M. Biard. Cet artiste possède une verve bouffonne qui n'est pas toujours de bon aloi, mais qui serait communicative si sa peinture était meilleure.

L'Armurier de M. de Beaumont est une toile spirituelle, qui prouve une rare habileté de touche. *Le Fumeur* de M. Fortin, *la Curieuse* de M. Édouard Frère, soutiennent la réputation de ces deux éminents artistes. Nous aimons mieux les accessoires

que la figure dans le *Jeune Peintre* de M. Jeanron.
M. Leroux s'est inspiré d'Anne Radcliffe dans le
tableau qu'il a envoyé à Limoges. Rassurons-nous
cependant : c'est la *Dernière Visite* de ce fantôme.
M. Pasini nous parle de l'Orient avec une con-
viction profonde dans sa *Chasse au faucon* et son
Moulin du Caire. Cet artiste excelle à rendre les
rapides évolutions des cavaliers au milieu des paysages brûlés de l'Asie; il a un sens profond du
pittoresque, et l'on échappe difficilement à l'impression qu'il veut communiquer, tant elle est
exacte et habilement rendue.

Abordons la série des petites toiles épisodiques
dans lesquelles l'habileté de main supplée à l'absence d'idées. Ces compositions gracieuses se sont
multipliées à l'infini depuis une vingtaine d'années,
et ont transformé en miniaturistes précieux une foule
d'artistes qui pouvaient faire mieux. Je ne leur fais
qu'un reproche mitigé, car je connais les nécessités
de la vie, et beaucoup d'entre eux ont dû se
rabattre sur ces brinborions, qui conviennent si bien
à nos petites individualités, à notre luxe sans con-
fortable, à la mesquinerie de nos préoccupations.
« Il faut vivre » : telle est l'excuse trop légitime de
concessions qui vont chaque jour abaissant l'idéal
et émoussant les convictions. Quand donc un
souffle plus puissant conjurera-t-il cette triste

dégradation des idées , des mœurs, des caractères, qui se traduisent dans les arts comme dans les autres branches de l'activité ?

Mais n'ouvrons pas la porte aux pensées tristes, et faisons l'inventaire de cette bimbeloterie, sans résister aux agaceries de pinceau que nous allons rencontrer. Voici M. Chavet, le premier après M. Meissonnier dans cette phalange de gens aimables qui se sont voués à la peinture microscopique. M. Chavet est un artiste de mérite, qui a prouvé par des travaux importants qu'il pouvait aborder de plus robustes sujets. Ses *Arlésiennes* sont une gracieuse composition, un peu lourde peut-être pour une palette ordinairement légère et brillante. Plus loin, c'est M. Plassan : ici l'art descend, et n'est plus que du métier, un métier distingué sans doute, qui marche de pair avec la bijouterie, surtout dans cette petite toile sans grandes qualités de finesse et d'exactitude. Votre figure de femme se mire mal, M. Plassan : vous faites mieux ordinairement : la glace manque de profondeur, et rend mal la distance de l'image à la réalité. Nous préférerions M. Pécrus si sa touche était plus légère. Certes tous ces détails de meubles, de bibelots, d'étoffes, de menus ustensiles de toilette ou de ménage, sont écrits avec goût et esprit, mais il faudrait nous y arrêter trop souvent si nous voulions analyser toutes les femmes *lisant, s'habillant*, *buvant des verres d'eau*, etc., qui composent son catalogue de bluettes.

M. Pezous aime le militaire au cabaret : c'est son droit, et il a bien quelque raison de l'aimer, puisqu'il le possède si bien ; mais ne pourrait-il au moins varier sa coloration à dessous jaunâtres, si uniformément répandue sur des scènes qui ne manquent ni d'entrain ni de gaîté ?

Quand M. Fortin aura-t-il épuisé la série des scènes bretonnes qui se retrouvent si souvent sous son pinceau ? Depuis quelques années, les costumes et les intérieurs bretons défraient tant de peintres qu'involontairement nous sommes arrivés à l'indifférence pour cette vieille cheminée garnie de son vieux fusil de chasse, pour ce grand lit à colonnes, ce bahut et ces vieilles murailles historiées d'enluminures d'Épinal, qui passent par centaines sous nos yeux dans toutes les expositions. C'est naïf d'observation, c'est d'un rendu agréable, quelquefois d'une tonalité trop sombre chez M. Fortin, mais, hélas ! c'est trop d'exemplaires d'un même tableau.

L'Ouvrière de M. Trayer est une jolie peinture qui nous rappelle et justifie les succès de cet habile artiste, qui excelle dans les scènes d'intérieur pauvre et laborieux. Il sait y appeler et y maintenir cette gaîté salutaire qui est la fortune des déshérités.

Nous ne parlerons pas de M. Voillemot et de son *Amour vainqueur :* des intentions aussi indiscrètes doivent au moins être rendues avec grâce et esprit. Qui songerait à disputer la victoire à ce malencontreux enfant emplumé ?

Ne vous prend-il pas l'envie de dérouler l'écheveau embrouillé de cette *Femme faisant de la tapisserie ?* Ces petits services trouvent souvent une douce récompense, et la gracieuse figure que nous avons sous les yeux doit s'illuminer par un sourire quand un regard de sympathie l'arrache à ce travail, qui est plus une distraction qu'une nécessité. Demandez-le à M. Leroy, qui vous prouve, par *la Prière* et *la Mauvaise Nouvelle*, qu'il peut empreindre une physionomie jeune et gracieuse d'expressions plus vives et plus saisissantes.

Voici une série de petites toiles d'une coloration harmonieuse, d'un goût et d'une finesse de touche séduisants. Croirait-on que ce sont là les œuvres d'un amateur, d'une femme qui se partage entre les soins de la famille et les devoirs du monde ? Évidemment non. On sent dans ces jolies peintures une sûreté de main, une harmonie et une entente des demi-teintes qui sont d'un artiste. Tout est charmant dans l'enveloppe de ces figures bien groupées : pourquoi faut-il qu'elles conservent encore l'afféterie des en-têtes de romances? Étudiez, madame ; fortifiez votre dessin un peu indécis ; donnez un peu plus d'ampleur et d'accent à vos personnages, et vous aurez réussi à prendre rang parmi les peintres de genre aimés du public.

La scène intitulée *Harmonie*, je crois, et qui mérite son nom, l'un des *écrans* destinés à notre illustre compositeur Rossini, sont les toiles que je distingue dans l'exposition de Mme Nivet-Fontaubert.

Je vois que M. Seignac est élève de M. Picot : je le croirais sorti de l'atelier de M. Édouard Frère, tant je retrouve les qualités de cet artiste dans sa *Leçon de lecture!* N'est-ce pas le meilleur éloge que je puisse en faire ?

Mlle Sermensan a abordé l'émotion dans une petite toile intitulée *la Séparation* : elle l'a trouvée ; elle l'aurait rendue plus poignante et plus communicative si la scène eût été éclairée avec plus d'entente des effets, et si une teinte presque noire et uniforme n'attristait encore un sujet assez mélancolique en lui-même. La nature procède par contrastes : c'est là son secret.

Le goût des fleurs est, dit-on, l'indice d'un caractère bon et aimable : je dois le croire en constatant la bonhomie de cet amateur en robe de chambre qui semble contempler avec tant de complaisance la vigoureuse floraison de ses plates-bandes. Bravo, monsieur Bachelin! votre petite toile s'est mise sous l'invocation de M. Béranger : le charmant poète vous a porté bonheur.

M. Monginot est un marchand de bric-à-brac intelligent qui sait grouper dans un désordre harmonieux des objets qui n'ont entre eux que des rapports de coloration. Tout converge vers le bouquet dans ses toiles. A voir cet encombrement factice de meubles, d'instruments de musique, de poteries, de fleurs, de fruits et de tapisseries, vous croyez à un caprice du hasard : détrompez-vous : l'art est ici d'associer ces nuances et ces formes de manière à leur faire atteindre le plus grand effet décoratif. Contemplez la grande toile qui est devant vos yeux; mettez-vous à distance pour ne pas être ébloui, et vous saisirez toute l'harmonie de cet ensemble. Voyez cette console de bois doré aux moulures si bien découpées ; admirez cette draperie verte qui tombe et se casse si naturellement en plis pittoresques ; voyez comme ce plat de faïence d'un bleu vif liseré de jaune s'enlève vigoureusement sur cette vieille tapisserie ;

remarquez avec quel esprit de contraste s'éche-
lonnent l'un sur l'autre ces fruits et ces fleurs,
et comment poteries, instruments de musique
et étoffes font bien leur partie dans ce concert
lumineux. Des singes sont là pour expliquer le
prétendu désordre ; mais ils n'y sont que des
comparses, et c'est pour cela que le peintre les a
traités avec assez peu de soin.

Si vous passez à cet autre tableau de *Singes et
de Chats*, n'êtes-vous pas frappé de l'adresse merveilleuse avec laquelle la physionomie et la four-
rure de ces animaux ont été saisis, et avec quel
art ils sont placés auprès ou sur des objets qui les
font valoir ? Cette toile est la meilleure de l'envoi
de M. Monginot ; elle est de beaucoup la plus con-
sistante et la mieux étudiée. Les *Fruits et Gibiers*
sont conçus dans le même style décoratif, avec
moins de science dans les modelés et une couleur
un peu creuse quelquefois, mais habile toujours.
N'est-ce pas là l'un de ces coloristes convaincus
qui perpétuent de nos jours le culte du soleil ?
Nous avons banni ce dieu de notre Éden, mais
nous n'avons pu, heureusement pour nous, le
chasser du firmament.

A côté des peintres décorateurs, il nous faut
inscrire M. Chaplin, le peintre des boudoirs du
demi-monde, des nids opulents où reposent les

amours parasites de notre temps. Son talent gracieux et peu sévère convient bien à l'illustration de ces refuges dorés où le regard ennuyé emprunte des distractions aux menus colifichets, aux babioles coûteuses dont ils sont ornés. Il faut des dentelles légères, des tapisseries aux nuances fugitives, pour accompagner ces esquisses délicates ombrées de carmin : de plus sévères accompagnements les rendraient criardes ou inconsistantes. Pourquoi leur a-t-il donné des noms aussi sérieux que *l'Étude, l'Astronomie, la Peinture,* quand elles ne sont, après tout, que des *Bulles de savon ?*

Voici encore un peintre qui appartient à cette phalange coquette qui traite la vérité avec autant d'esprit que de sans-façon. *La Perruche,* les *Fleurs et Fruits,* les *Gibiers* de M. Couder, sont d'agréables trompe-l'œil que caresse la vue quand elle n'est pas en veine d'analyse ou de pénétration. Comme leur coloration est habile, et quelle leçon ils pourraient donner aux décorateurs de Limoges si ceux-ci étaient assez bien inspirés pour profiter de la bonne fortune qui leur est offerte !

Une des belles toiles de l'Exposition de Limoges est signée de M. Martinus, un peintre hollandais du plus grand mérite. Voilà de la belle peinture sans artifice, qui me rappelle, avec des qualités supérieures, un tableau remarquable de M. Courbet.

Dans ce vaste paysage enseveli sous la neige, qui n'est pourtant qu'un accessoire, une louve affamée a terrassé un brocard. Quelle férocité dans l'étreinte sous laquelle s'est affaissée la pauvre bête ! quelle justesse et quelle énergie dans ces mouvements violents, dans ces attitudes compliquées qui unissent les deux corps sans les confondre ! Une couleur sobre sans sècheresse, un dessin toujours exact, un effet puissant et concentré grâce au concours de tous les accessoires, tels sont les mérites hors ligne de ce beau tableau.

Des fauves venons aux animaux domestiques : c'est décheoir à coup sûr, car d'une peinture sévère nous passons à des toiles bien moins sérieuses ; mais le talent de M. Rousseau pourra peut-être combler la distance. La *Basse-Cour* est une bien jolie toile, exécutée avec cette ampleur et cette sûreté de main qui révèlent un grand artiste.

Mentionnons un *Chien anglais* de M. Mélin, un de nos meilleurs peintres d'animaux, et une *Basse-Cour* de M. Couturier.

La ville de Limoges doit être satisfaite, M. Troyon l'a traitée avec une préférence marquée : il lui a envoyé une toile importante dans laquelle il

a déployé toutes les munificences de son pinceau,
toutes les magies de sa couleur. C'est bien là
l'œuvre d'un maître sûr de lui-même, étreignant la
nature d'une caresse puissante, et recevant d'elle,
en échange d'un véritable amour, une inspiration
brûlante comme un baiser. Voici l'automne, la
saison préférée de nos climats : sous les regards
épris du soleil, la terre, rougissante d'émotion,
se pare de ses-plus beaux atours, de ses couleurs
les plus harmonieuses. La végétation descend
toutes les gammes en partant des tons les plus
ardents ; l'air se remplit d'atômes en vibration ;
tout palpite, tout étincelle ; les coteaux sont
revêtus de manteaux de pourpre; les routes
ruissellent de rayons, et les lointains, à demi
noyés de chaudes vapeurs, appellent le regard, et
déroulent devant lui de magiques horizons.

Nous sommes placés sur l'un de ces admirables
coteaux qui enceignent Paris comme la récompense
promise à de rares loisirs et à de vaillants travaux.
Un chemin bordé de vignes descend, rapide, pour
se dérober bientôt en laissant soupçonner de
délicieux mouvements de terrains. Au second plan,
les pentes boisées se relèvent pour s'incliner encore,
et démasquer de nouveaux plis couverts de vignes
et de végétations touffues. Plus loin, de grands
rideaux d'arbres caressés par la lumière s'écartent
un peu pour laisser deviner quelques-uns des

charmants villages que renferme la vallée de la
Seine. La vue s'étend ensuite, parcourant des
zônes d'ombre et de lumière successivement
adoucies, pour aboutir à un horizon qui dessine
ses lignes heureuses sur le ciel, auquel il se relie
par des transitions merveilleuses, qui, par la
délicatesse et la finesse du ton, font valoir les
énergies des premiers plans. Cette scène magnifique est animée par des groupes nombreux
d'hommes et d'animaux. Nous sommes au moment
des vendanges : une charrette attelée d'un cheval
blanc attend son chargement de grappes dorées
pendant qu'un âne en liberté cherche à brouter
quelques brins d'herbe parasite qui envahissent le
chemin. A droite, un homme et une femme,
penchés sur les cépages, remplissent leurs paniers,
tandis que, à gauche, un vigneron décharge sa
hotte. Là où la route semble se dérober par une
courbe, apparaît la tête d'un cavalier vivement
éclairé par un rayon de soleil. Les ombres chaudes
et transparentes s'étendent çà et là sur le chemin,
et font apprécier l'intensité lumineuse des rayons
qui le baignent.

Il est impossible de rendre par la plume la
puissance d'exécution de cet admirable tableau.
On ne trouve là aucun de ces bonheurs de brosse
qui se rencontrent si souvent chez les peintres de
paysage : tout y est voulu, trouvé instantanément.

Pas d'hésitations : la même furie d'improvisation a présidé à l'œuvre entière ; les tons se superposent dans l'ordre exigé par l'harmonie avec une sûreté, une *maestria* admirable, rendant ce qui semble intraduisible : les jeux et les caprices du soleil à travers les végétations, l'éclat de la lumière, ses douceurs contrastées d'énergies, ses demi-teintes transparentes, ses chatoyants reflets ; tout cela en conservant une admirable unité, une merveilleuse discipline d'intentions, une sûreté de but et d'effet presque toujours compromis chez les autres peintres quand ils cèdent à l'entraînement de la couleur.

Après M. Troyon, pour le talent et l'importance des toiles envoyées, nous devons placer M. Daubigny, un grand paysagiste aussi, un amant de la nature, qui sait la comprendre et l'interpréter dans ses multiples manifestations, qui sait la surprendre lorsqu'elle s'éveille sous les clartés du matin, lorsqu'elle s'endort dans la pourpre du soir, lorsqu'elle allume la lampe de la nuit pour quelque mystérieux travail d'amour et de fécondité. Toutes les saisons de l'année, toutes les heures du jour sont familières à son pinceau. Voici le printemps, les pommiers en fleurs, les blés verdoyants, le ciel fin et transparent où courent de gais nuages, les chemins couverts de troupeaux. Là, c'est l'été qui frissonne sous les baisers du soleil ; plus loin, c'est l'automne avec sa puissante coloration, ses feuillages roussis, ses grandes herbes brûlées, cette majesté, cette plénitude, qui conviennent à la maturité, et qui éclatent dans le ciel, les terrains et jusque dans l'attitude plus grave, plus recueillie, des êtres qui s'y meuvent. C'est l'heure matinale encore voilée des brumes de la nuit ; c'est le soir calme invitant au repos ; voici la nuit : les troupeaux attardés s'empressent de regagner le gîte pour échapper aux brouillards humides qui s'élèvent des prés.

A Limoges, trois toiles nous initient d'une manière plus ou moins complète aux procédés de ce maître. La première, la plus importante est une grande étude plus encore qu'un tableau : là, nulle prétention à l'effet pittoresque, rien de décoratif ; point de plans détaillés, de masses distribuées avec art pour faire valoir des horizons lointains ; point d'accidents ingénieux et de recherche de composition. Des flaques d'eau, des terrains marécageux, des arbres grêles aux silhouettes sans charme, trois plans bornés, circonscrits, et pour personnages un âne et un jeune garçon ; mais tout cela éclairé par un ciel d'une rare finesse, d'une transparence admirable, par de chauds rayons qui filtrent à travers les rares feuillages, et viennent miroiter avec des reflets multiples dans les eaux du premier et du second plan ; une vérité d'impression absolue, une science merveilleuse des reflets, des décompositions de la lumière et de ses caprices ; une étude plus peut-être qu'un tableau, mais une étude comme, seuls, savent les faire les maîtres initiés aux secrets de la nature.

La seconde toile, plus sourde d'effet, est d'un grand caractère : c'est l'heure crépusculaire. Les cheminées du village fument ; des femmes rassemblent leurs vaches, et les poussent vers les habitations. Arbres, terrains, tout est déjà voilé d'ombres qui dans un instant vont s'épaissir, mais qui laissent encore deviner d'incertains détails. Le calme gagne le spectateur comme il s'impose à la scène que nous venons de décrire ; le peintre a réussi, car il nous a transmis son impression, et nous ne saurions nous y soustraire.

Un tableau de chevalet complète l'exposition de M. Daubigny. Un peu crue de ton, un peu allourdie dans les lointains, cette toile, très-achevée dans son ensemble et ses détails, révèle une main habile et un savoir profond. Il faut se familiariser avec cette gamme d'un vert un peu irritant ; mais, quand on a accepté ce point de départ, on se rend compte de l'adresse, de la suite, de l'enchaînement qui préside à son exécution.

Voici un peintre, un poète difficile à comprendre par la foule, et que, seuls, les artistes apprécient à sa juste valeur. En peut-il être autrement, et devons-nous en accuser le public? — Non, encore une fois, et ceux qui se révoltent contre son indifférence ne veulent pas comprendre que les vertus et les qualités intimes ne doivent et ne peuvent être senties que par la famille. Placées sur un théâtre plus général, elles s'éclipsent, et rien n'est plus excusable que de les méconnaître. C'est donc à donner l'intelligence des délicates intentions du maître que ses appréciateurs doivent s'appliquer. M. Corot est le peintre des impressions fugitives, des heures crépusculaires, des paysages voilés de bruines. Son talent est de faire tout pressentir sans rien révéler d'une manière absolue; il relève plus de la poésie que de la plastique si je puis ainsi m'exprimer, et les querelles qu'on peut lui chercher au point de vue de la précision des silhouettes, de l'ordonnance des lignes, ne sauraient avoir de réel objet. L'aube tremblante, la lumière diffuse, encore attiédie par les buées qui s'élèvent des prés humides de rosée, cet instant qui précède ou qui suit l'apparition du soleil, lui conviennent presque à l'exclusion des heures plus vivantes de la journée. Toutes les fois qu'il a essayé d'aborder les gammes majeures, sa peinture est devenue lourde et insuffisante.

Les toiles envoyées par cet artiste à l'Exposition limousine justifient cette appréciation. Les plus jolies sont à coup sûr les moins travaillées. Est-ce à dire que le grand paysage d'un accent plus robuste qu'il intitule *la Toilette* soit dépourvu d'éminentes qualités? Non assurément. Qu'on regarde la figure de la suivante qui rassemble les boucles de la femme nue placée sur le premier plan, et l'on reconnaîtra qu'il est difficile de donner un charme plus réel dans le mouvement, l'expression, la distribution des ombres. La femme nue elle-même est d'une silhouette assez heureuse ; ses bras se relèvent avec un mouvement naturel pour réunir sa chevelure, et aider l'œuvre de la suivante. Les chairs, un peu ternes et sans éclat, sont en relation parfaite avec la lumière générale, et d'une justesse de ton et de plein air qui sera facilement sentie si on s'éloigne un peu, et qu'on place ces figures dans leur cadre. La femme adossée à un arbre et lisant est bien à son plan. Pour comprendre et conserver de telles harmonies, il faut être un maître, et M. Corot est à juste titre considéré comme tel par tous ceux qui manient la brosse et le pinceau. Un autre paysage d'assez grande dimension possède les mêmes qualités avec une indécision trop prononcée. Les figures qui animent cette toile sont peu heureuses, et provoquent le sourire. Orphée et Eurydice habitaient des climats moins brumeux, et leurs formes enchanteresses étaient caressées par une lumière moins avare, il faut l'espérer.

Des trois autres petites toiles qui complètent l'envoi de M. Corot, l'une représente *une Gitana* fièrement campée sur la hanche, et le tambour de basque à la main. Le dessin de cette figure est ferme, juste et suffisamment élégant ; mais les chairs sont plaquées d'ombres charbonneuses, et le paysage, de la tonalité grise affectionnée par le peintre, n'est qu'un médiocre encadrement pour cette fille des pays aimés du soleil.

La plus jolie des deux autres toiles représente un canal ombragé de grands arbres aboutissant à un moulin qui termine la perspective. Les silhouettes lourdes et fuligineuses des arbres sont opaques ; mais les eaux et le moulin sont touchés avec infiniment de goût, d'esprit et de vérité.

Un grand artiste qu'on croirait retiré du monde, tant il y fait de rares apparitions, un homme d'un grand talent qui ne produit presque plus, ou qui du moins ne livre presque plus rien à la publicité, a envoyé à Limoges une seule toile de petite dimension, mais brossée de la même main vigoureuse qui nous est si bien connue. On y retrouve la même puissance d'empâtement, les mêmes effets pittoresques, l'ordonnance savante du paysage, une connaissance approfondie des valeurs et des relations. *L'Abreuvoir* de M. Jules Dupré est une bonne fortune pour l'Exposition limousine. Quatre

petits tableaux du frère de ce grand artiste,
M. Victor Dupré, *les Bords de l'Oise*, *les Environs
de l'Ile-Adam*, *la Route d'Argenton* et *l'Entrée de
forêt*, nous rappellent que « bon sang ne saurait
faillir ». Avec un peu moins de finesse et d'originalité, c'est la même touche et la même franchise
d'exécution.

Voici un artiste de mérite, qui procède d'une
manière tout opposée à MM. Dupré. Ceux-ci
travaillent en pleine pâte ; celui-ci doit à des frottis
transparents, à des touches légères et spirituelles,
à des glacis adroitement répandus, des effets
d'une incroyable coquetterie, sinon d'une grande
exactitude. Ne cherchez point dans cette toile l'impression de la nature, la justesse des plans, la
rigueur et le charme pénétrant de la vérité : nous
sommes ici dans la convention, nous avons affaire
à un prestidigitateur d'une habileté merveilleuse.
M. Français est, si je puis ainsi dire, le peintre de
genre du paysage ; un séducteur sans amour, mais
d'un entraînement irrésistible, dont il faut suivre
et admirer les roueries, mais auquel il ne faut pas
se laisser prendre. Ses paysages sont vus à travers
des verres colorés ; ils sont fins, transparents ; les
lointains fuient bien, ils fuient trop même, car ils
exagèrent la perspective ; ses ciels les plus tour-
mentés sont cléments ; les sites les plus sauvages

prennent sous sa palette des airs agaçants et coquets ; les figures y posent toujours pour le spectateur. On voit qu'il a été long-temps le plus adroit de nos dessinateurs d'illustrations, et qu'involontairement il arrange ce qui devrait être respecté, et compose ce qui devrait être simple et ingénu.

Mais, après tout, quelle sotte querelle allons-nous lui chercher ? C'est un homme charmant, et nous voulons en faire un sage ; c'est un poète, et nous lui demandons des impressions réalistes. Le plus fou n'est pas ici celui que je pense : laissons-nous aller au charme d'*une Matinée d'automne* ; M. Français voit tout couleur de rose : égayons notre imagination par ses gracieux caprices.

Si nous cherchons d'ailleurs des impressions plus vraies et plus mélancoliques, reportons nos yeux sur *le Lac* de M. Baudit. Du matin vaporeux nous passons brusquement à la nuit étoilée ; la lune, à demi voilée de nuages, jette un calme regard sur les flots. Une brise légère, qui n'a plus la force de soulever la lourde voile d'une barque accostée sur la rive, étend d'insensibles rides sur la surface liquide. Au premier plan est un bac où sont entassés des bestiaux ahuris qu'on débarque à l'aide d'une passerelle tremblante. A en juger par l'énergie avec laquelle le bouvier tire après lui l'un de

ces pauvres animaux, on devine que celui-ci a peur
en se hasardant sur la planche mobile qui unit la
barque au sol. Le marinier, pendant ce temps,
allume sa pipe à un falot suspendu. L'opposition
des deux effets lumineux est admirablement rendue, et prête un nouveau charme à cette simple
composition, d'une exécution sobre et savante.

Puisque la nuit est déjà avancée, achevons-la
sous l'influence de l'astre argenté. Transportons-
nous avec M. Jonckind en Hollande, au milieu de
l'un de ces canaux bordés de hauts moulins dont
les silhouettes fantastiques se découpent sur le ciel.
Devinons, sous les ombres portées des rives, les
bateaux trapus qui y sont amarrés, attendant l'aube
pour poursuivre leur route. Laissons-nous aller au
charme saisissant de cette scène, où tout semblerait
endormi si les eaux ne frissonnaient sous les baisers
de la lune. MM. Baudit et Jonckind ont surpris
les secrets de la nuit avec un art égal et sous des
impressions différentes : leur talent nous en fait
pénétrer les mystères et comprendre les harmonies.

M. Desjobert occupe parmi nos paysagistes un
rang distingué. Depuis quelques années, il est
constamment en progrès. Intelligence d'élite,
nature consciencieuse, ses œuvres se ressentent
de cette préoccupation de bien faire qui est chez

l'artiste le respect de soi-même. Aucune de ses toiles n'accuse les négligences familières à tant de peintres qui prennent des hasards de brosse pour des intentions sérieuses, l'habileté de main pour l'inspiration, et la fougue irréfléchie pour la preuve du génie. Dans ses toiles petites ou grandes, M. Desjobert a toujours un plan, une intention suivie, qui lui permettent de donner à ses compositions l'unité d'effet, d'impression, qui est, nous paraît-il, la condition première de toute composition. Une grande habileté et une grande finesse de touche sont au service de cet esprit discipliné : aussi arrive-t-il à produire une impression d'harmonie complète et sans réticence. Il se corrige peu à peu d'une certaine sécheresse de ton qu'il tenait de l'école dont il est sorti, et il en a gardé une science d'arrangement trop négligée aujourd'hui. La *Vue de Clements'Bay* (île de Jersey) ne peut donner qu'une insuffisante idée de la valeur de cet artiste, quoique ce soit une toile d'une très-remarquable exécution et d'une admirable finesse de ton. Le ciel transparent, les terrains de la plage, les percées de soleil filtrant à travers les arbres qui prolongent la ligne de perspective, accusent une main habile et délicate. Il est fâcheux que la toile soit un peu étroite, et que la ligne d'horizon, trop bornée, n'équilibre pas les masses disposées sur le plan de gauche. Sans cela, cette étude eût été un tableau complet.

Les sites du Limousin inspirent depuis long-temps M. Donzel. Il a su en comprendre et en rendre toute la poésie. Habile metteur en scène, ses paysages sont toujours bien composés ; ils s'agencent bien ; les masses s'y distribuent avec art pour donner plus de charme aux perspectives. Ils ont toujours un grand cachet de distinction et d'élégance. Ses ciels sont fins, ses eaux transparentes ; seuls, ses premiers plans laissent quelquefois à désirer. On voudrait plus d'énergie, plus d'entrain, mais non plus de grâce, à ses compositions.

Des quatre toiles exposées par cet artiste, la plus importante est celle qui nous plaît le plus. Elle nous transporte en vue des belles ruines de Chalucet par une matinée brumeuse qui voile les silhouettes pittoresques des tours encore debout ; la Briance, ombragée par de grands arbres, est traversée par deux chevaux dirigés par un jeune garçon. Une blonde coloration enveloppe ce paysage, et le pénètre d'une chaleur humide et douce ; la rosée commence à s'évaporer : on sent que le rideau de brume va bientôt s'élever, et démasquer dans toute leur majesté les vieilles murailles que le temps n'a pu coucher encore dans la poussière, et qui protestent, souvenir d'une puissance évanouie, contre l'indifférence et l'abandon. Les ruines de Chalucet sont connues dans tout le Limousin : bien mieux que celles de Crozant, elles mérite-

raient d'inspirer l'auteur de *Valentine* et de *Mau-
prat*. Nous sommes heureux qu'un autre poète ait
songé à fixer leur souvenir dans une toile d'une
aussi suave expression.

Le Soleil couchant plaira surtout aux artistes qui
aiment les impressions sincères, rendues sous
l'inspiration directe de la nature, sans coquetterie,
sans recherche inutile, avec une grande simplicité
de moyens et une rare vérité de ton. Tout est harmonieux dans ce petit tableau, le ciel, les eaux,
les végétations marécageuses, parce que tout y est
spontané.

Nous aimons moins la vue de la passerelle que
le peintre intitule *les Planches du Poirier*, quoique
nous y constatons la plupart des qualités qui le
distinguent, de belles silhouettes d'arbres et des
fonds bien éclairés.

Nous retrouvons, sur *les Bords de la Vienne*, un
effet du matin, avec l'aspect un peu théâtral que le
brouillard communique aux silhouettes des arbres
lorsqu'il estompe leurs détails et les dresse comme
des décors sur les plans perdus de la perspective.
A gauche du tableau, une allée d'arbres s'enfonce,
et semble pénétrer dans les profondeurs de la toile,
tandis que, sur le devant de la scène, des souches
déracinées servent de point d'appui à la seule figure
qui contraste avec le calme général.

Pourquoi faut-il qu'un artiste du mérite de
M. Bellel obtienne si difficilement la sympathie
avec des tableaux admirablement composés et un
savoir profond! Arrêtez-vous, étudiez ses paysages, et vous reconnaîtrez que, comme structure,
ordonnance, composition, exécution même, il est
peu de peintres de cette valeur et de cette science.
Cependant cet ensemble d'incontestables qualités
ne suffit pas à émouvoir : une enveloppe jaunâtre,
qui donne à ses peintures l'aspect des vieilles
tapisseries, jette sur elles un voile d'uniformité et
de tristesse ; l'air et la lumière en paraissent
absents, et ce n'est que lorsqu'on a vaincu cette
première et défavorable impression qu'on rend à
M. Bellel la justice qu'il mérite, et qu'on reconnaît
combien il faudrait peu pour qu'il prît rang parmi
les grands paysagistes.

La *Vue prise à Tauves* et *la Forêt de Chantilly*
prouvent la justesse des observations qui pré-
cèdent. Dérobez à de moins forts que vous,
M. Bellel, le rayon de soleil qu'ils ont surpris, et
vos toiles si bien composées, travaillées avec tant
de conscience, seront les tableaux d'un maître.

M. Achard a été, je crois, le maître de
M. Français : aussi les tableaux de ces deux
artistes ont-ils un air de famille facile à reconnaître.
Ils arrangent leurs sites avec un même art ; leur

coloration est toujours séduisante ; on sent une incroyable habileté de main dans la manière dont les terrains et les feuillages sont traités. Les troncs d'arbres, en s'inclinant, prennent des courbes caressantes pour l'œil ; les chaumières, toutes chaumières qu'elles soient, en dépit des injures du temps qui souvent effondrent leur toit, ont un air engageant. Ce sont là d'habiles magiciens et de féeriques peintures : nous n'avons pas le courage de leur demander plus de vérité et un accent plus mâle.

Voici maintenant deux artistes qui serrent la nature de plus près : respectueux pour son caractère, ils se contentent d'en suivre les manifestations avec sincérité, sans se croire en droit de l'habiller pour la rendre présentable à des yeux qui la connaissent mal. MM. Hannoteau et Harpignies ont envoyé plusieurs toiles charmantes à l'Exposition de Limoges. *Le Battage des grains* du premier de ces artistes nous plaît moins que la *Cour de la ferme* que nous avons sous les yeux. Le soleil entre en toute liberté dans cette ferme hospitalière, et, pour payer sa bienvenue, il jette sur mille détails amusants un regard franc et ouvert qui leur donne une gaîté communicative. Les *Bords du Tibre* de M. Harpignies sont pleins de style, ce qui ne leur enlève point de charme. M. René Ménard a reçu la direction de MM. Troyon et Jules Dupré : on voit qu'il a profité des excellentes leçons de ces maîtres : son *Chemin creux* et ses *Vaches normandes* en sont la meilleure preuve.

Vous souvenez-vous, ami lecteur, des paysages de Poussin, de leur allure magistrale, des lignes, de la coupe sévère de leurs profils, de l'unité d'impression qui y règne? La nature paraît moins simple et plus abondante ; mais avouons que, lorsqu'elle est interprétée de cette manière sobre, elle nous fait une impression plus profonde que dans les études où elle est simplement saisie sur le fait, sans calcul et sans intervention de la volonté du peintre. La toile de M. de Curzon intitulée *Environs de Castellana* nous a rappelé Poussin. Elle a tous les caractères d'une composition de ce maître : sévérité des lignes, sobriété et unité de l'effet, intention précise et concentrée. Les plans ombrés qui se découpent sur le ciel et le fond de montagnes sont un peu durs et font presque trou dans le tableau ; mais l'ordonnance est belle. M. de Curzon a fait là un tableau que nous préférons de beaucoup aux *Gardeurs de buffles des Marais-Pontins*, quoiqu'on retrouve dans cette toile le savoir et l'étude qui ont mérité à cet artiste l'estime et la sympathie générales.

M. Troyon a fait peu d'élèves ; mais il a transmis à ceux qui se sont inspirés de ses leçons des qualités d'ordre supérieur qui leur ont conquis une place distinguée parmi les artistes. M. Van Marcke, on le sent, est disciple de ce grand maître : les *Vaches au pâturage* sont peintes largement ; le paysage qui les encadre est bien compris. Les *Animaux au repos* de M. Brissot de Warville nous plaisent moins. Malgré l'habileté familière à ce peintre, il n'a pu éviter une tonalité grisâtre qui attriste sa composition, et lui enlève toute vie, toute animation. Nous aimons bien mieux sa *Lisière de forêt*. On retrouve là toutes les qualités qui le distinguent.

M. Gassies, lui, n'a pas appris à voir la nature avec des yeux prévenus : il s'est naïvement laissé guider par elle, et il a rencontré une impression vraie qui se communique sans effort au spectateur. Dans son *Gagnage* vous reconnaissez l'automne lorsque novembre a dépouillé les arbres de leurs dernières feuilles, et que leurs grandes silhouettes se découpent sur le ciel ; un troupeau de chevreuils s'est hasardé sur la lisière des bois, et s'ébat dans la clairière jusqu'à ce que le chasseur matinal le force à regagner le couvert. Tout est en harmonie dans cette toute petite toile : n'est-ce pas le meilleur éloge qu'on en puisse faire ?

M. Schneider a suivi la même voie : il s'est inspiré des mêmes sites forestiers et de la même saison avec un égal bonheur.

Parmi les poètes qui empruntent leurs scènes et leurs paysages de l'Orient, nous ne pouvons oublier M. de Tournemine, un peintre aussi aimable que spirituel, dont les toiles ont le don de plaire à première vue. Il est un peu tricheur à ce jeu, je le reconnais ; je me défie de sa touche brillante et coquette, qui projette avec tant de prodigalité les rayons du soleil sur les cavalcades de gens enturbannés, les vêtements pittoresques, les blanches murailles, les terrasses où perchent les cigognes, et tout le matériel attrayant des scènes orientales. Mais, on a beau raisonner, il faut se laisser prendre à toutes ces habiletés de pinceau qui fardent un peu la vérité, mais sans la déguiser complètement.

Encore un orientaliste d'une fécondité sans pareille. A-t-il assez épuisé Le Caire et ses environs ? Nous en connaissons toutes les rues, toutes les boutiques, tous les bazars : je doute qu'un itinéraire Jouanneau soit plus explicite et plus fidèle. Pourquoi faut-il que nous ne puissions nous soustraire à cette uniformité de coloration et de procédés ? Il me semble que, à certaines heures, l'Orient doit se voir sous un autre aspect. MM. Marilhat, Ziem,

Belly et Brest ont su introduire quelque fraîcheur dans leurs paysages égyptiens ; on rôtit sans pitié dans ceux de M. Th. Frère, et l'on devient injuste envers lui, tant un malaise physique altère le sens de la justice chez l'homme le plus sympathique au talent.

Constantinople, avec ses coupoles et ses blancs minarets, la profusion de caravelles, de felouques, de balancelles, de barques variées que renferme sa Corne-d'Or, avec ses eaux savonneuses et son ciel pur, a séduit le pinceau d'un grand nombre de peintres. MM. Ziem, Belly, Brest, nous l'ont fait connaître sous ses divers aspects, à des heures différentes, et leurs toiles, brillantes comme des écrins, nous ont laissé des souvenirs auxquels nous nous reportons toujours lorsqu'il est question de cette ville pittoresque assise sur les rives de deux continents. M. Duvieux nous a rendu, dans deux ravissantes petites toiles, les prestiges de ce paysage : nous ne les oublierons pas plus que celles des artistes dont les noms aimés viennent de se retrouver sous notre plume.

M. Mouchot nous saisit au moment où nous quittons la brillante Stamboul ; il nous entraîne avec lui vers l'Égypte pour nous faire contempler une fois de plus le Caire et *les Colosses de Memnon* ; mais ce dont nous lui savons gré surtout, c'est de nous faire pénétrer dans cette rue de village égyptien d'un caractère si étrange, avec ses hautes maisons munies de moucharabiés grillés comme des prisons et sa perspective tortueuse. Voilà qui est loin, à coup sûr, de Londres et des bords de la Tamise : mais tel est le caprice qui réunit les toiles dans une Exposition qu'il faut bien suivre M. Justin Ouvrié, et admirer avec lui les clochers de *Saint-Paul* et les colonnades de *Sommerset-House*, ainsi que le mouvement si animé de ce fleuve traversé en tous sens par des bateaux affairés. Quel immense panorama se déploie devant nos yeux, et quelle habileté il faut pour le rendre aussi compréhensible et aussi vivant !

La Hollande a fourni de nombreux sujets de tableaux à M. Deshayes. Pourquoi cet intelligent artiste a-t-il choisi parmi eux ceux dont l'exécution est la plus sèche et la moins harmonieuse ?

M. Paul Flandrin est élève de M. Ingres : ses paysages portent l'empreinte de cette école amoureuse des belles lignes, dédaigneuse des chaudes colorations. Il compose bien, avec noblesse et distinction : pourquoi faut-il que sa palette parcimonieuse donne à ses tableaux l'aspect de ces polychromies qui ornent la vitrine de certains marchands de papiers peints? Dans ces froids paysages, les héros de Rome et d'Athènes ne retrouveraient pas les cieux qui les ont inspirés : en dépit des perspectives majestueuses qui les décorent, ils s'y croiraient dépaysés. J'accepterais volontiers ces toiles guindées pour des réminiscences de l'antiquité de convention qu'on retrouve au Théâtre-Français : je ne saurais y voir des paysages français, des sites empruntés à la forêt de Fontainebleau.

Un Soir au bord de la Meuse : tel est le titre d'un charmant tableau, le plus complet peut-être de tous les paysages exposés, quoi qu'il en soit le plus petit. Le soleil s'est abaissé derrière un rideau d'arbres; les rayons filtrent à travers les troncs élancés, et viennent se projeter dans l'eau qu'ils animent; une barque glisse lentement sous l'effort d'un seul rameur. Le calme de cette scène pénètre doucement; on se sent porté au recueillement, mais non à la tristesse; on se souvient de quelques heures délicieuses passées dans la rêverie au bord d'un beau fleuve, quand tout s'apaise au dedans et au dehors, et que, sans effort et sans combat, on se sent en possession de soi-même. Cette impression que nous devons au tableau de M. Villevieille n'est pas refroidie par une plus grande toile d'un peintre que nous ne connaissions pas encore, M. Auguin, qui a su trouver, avec des

gammes et une composition plus conventionnelles,
le même charme mélancolique.

N'oublions pas de signaler deux petites et charmantes toiles de M. Richard, un *Intérieur de ferme*
et un *Paysage*, peintes avec infiniment d'esprit et
de goût.

Une peinture lourde, des verdures métalliques,
une recherche pénible, font méconnaître un savoir
réel dans les tableaux de M. Legentile. On est
mécontent de se sentir injuste envers un artiste
aussi consciencieux, et l'on ne peut se défendre de
l'être. La grâce, le charme, semblent manquer
absolument à cette palette d'une si étrange crudité.
Cependant, quand on accepte cette gamme si peu
naturelle, si exagérée par son intensité et son
manque absolu de transparence, on s'aperçoit que
cette peinture est d'une rare volonté, que les
détails ont été étudiés avec une constance et une
application soutenues. Est-ce assez pour faire aimer
les *Bords du Taurion*, le *Moulin de Villard* et la
Vue de Saint-Victurnien? Nous ne pouvons l'affir-
mer malgré notre respect pour des efforts très-
méritoires et un talent véritable.

Les paysages de M. Jules André sont d'un
aspect cotonneux qui nous désespère : il semble

que les contours fondent, et que les colorations se fanent sous le regard. Ils manquent tellement d'accent qu'on a peine à rendre justice à une positive habileté de main.

Nous aimons bien mieux, quoiqu'un peu sec de couleur et maigre d'effet, le *Marais* de M. Appian, un élève de MM. Corot et Daubigny, qui fait honneur à ses maîtres. Il y a dans cette petite toile de l'air et de la perspective. La marine exposée par M. Achenbach nous rappelle de bien loin le talent de l'auteur du *Môle de Naples*, cette belle et vivante peinture qui a placé cet artiste à un rang si distingué.

M. Jacque et M. Brendel soutiennent avec La Fontaine la thèse que rien n'est spirituel comme les bêtes quand on sait les comprendre. Ils se sont cette fois adressés à la gent moutonnière, et sont parvenus à donner à ces douces bestioles une physionomie vraiment piquante, tant leurs allures sont vives, libres et naturelles. Le paysage de M. Jacque est plus habilement peint ; celui de M. Brendel offre des dessous violacés qui allourdissent ses derniers plans. Un peu plus de transparence eût assuré un succès complet.

Voyageons, n'épargnons pas nos peines,

puisque, après tout, nous n'avons que quelques pas à faire. Nous voici dans les *Landes* avec M. Papeleu, et nous reconnaissons volontiers les vastes pinèdes qui ont trasformé cet aride pays. Malgré la lourdeur de la touche, nous constatons dans ce tableau quelques qualités bien affaiblies dans les autres toiles qu'il a envoyées. Ne jetons qu'un regard en passant sur une ébauche de M. Palizzi qui n'aurait pas dû sortir de son atelier.

Pourquoi M. Veyrassat n'a-t-il pas retrouvé dans *le Bac* l'inspiration qui donne tant de charme à son *Retour des champs?* Tout ce cliquetis de lumière, ces plans confondus, ne sont pas rachetés par d'autres incontestables qualités dans *le Bac*. Combien nous préférons cette excellente petite toile ensoleillée, ce pâtre qui ramène ses troupeaux au déclin du jour ! Quelle chaleur lumineuse répandue sur cette scène si grande dans un si petit cadre ! N'en est-il pas toujours ainsi, et la vérité, par une heureuse compensation, ne se trouve-t-elle pas toujours à côté de l'erreur ?

Avec un peu plus d'entrain dans la couleur, M. de Hagemann aurait tiré de son *Intérieur de ferme* un plus heureux parti : le motif était bien choisi, et les détails, d'une bonne observation.

Nous aurons à parler de M. Ferru lorsque nous aborderons la sculpture. Cet artiste limousin est digne de toute notre sympathie. Placé dans des conditions difficiles pour faire des progrès, on sent qu'il a mis une louable persévérance à les surmonter.

Sa *Vue du pont Saint-Étienne* n'est pas une chose complète, soutenue ; mais on y reconnaît des intentions qui, développées avec une connaissance plus approfondie du métier, en eussent fait un bon tableau. Le ciel malheureusement est sans transparence et sans finesse, mais les eaux et les fabriques sont touchées avec esprit et légèreté.

Nous regrettons l'absence, à l'Exposition de Limoges, d'un autre peintre de cette ville qui, par des motifs que nous n'avons pas à apprécier, a cru devoir garder une fâcheuse réserve. Nous connaissons de M. Gardel deux tableaux importants qui annoncent un talent fait et un véritable mérite : de pareilles œuvres eussent trouvé une juste place à côté d'une foule de pages bien écrites qui rendent cette Exposition si remarquable.

Les natures mortes ont quelques bons interprètes : j'écarte M. Monginot, dont j'ai parlé déjà, et qui introduit toujours des êtres animés dans ses toiles décoratives. Les deux tableaux de M. Schneit méritent d'être examinés avec soin : ils possèdent de très-solides qualités, celui surtout qui renferme un homard, une buse et des légumes. L'artiste a su tirer un bon parti de cette association un peu hétéroclite. Mentionnons M. Soulié et M. Rhem.

La salle des dessins n'est pas moins intéressante que la galerie des tableaux par le choix et la valeur des œuvres qui y sont exposées. Parlons tout d'abord, et avant tout, de la belle tête de femme due au crayon de M. Pollet. Quelle admirable étude, quelle simplicité d'exécution et quelle grandeur d'effet ! Comme les modelés sont fermes et précis sans oppositions violentes ! Quelle transparence dans ces yeux ! Quelle finesse dans les contours de cette bouche voluptueuse ! Comme les cheveux se massent bien, et font bien comprendre la forme harmonieuse de la tête ! Comme le cou s'attache bien aux épaules ! C'est là à coup sûr un véritable dessin de maître, que nous échangerions difficilement contre la meilleure des peintures que nous venons d'analyser.

M. Meissonnier n'est représenté à Limoges que par un dessin, un simple croquis, mais où l'on reconnaît la main d'un maître. Cet *Intérieur de corps de garde*, qui appartient à M. Marchal, est composé avec beaucoup d'esprit; les poses des personnages sont excellentes. Il serait facile d'assigner un caractère à chacune de ces figures, tant leurs attitudes sont bien observées. Quelques traits suffisent à l'expression. On est heureux de surprendre en négligé un maître qui ne livre jamais au public que de petits chefs-d'œuvre de perfection.

M. Dubouché a exposé quatre fusains d'une rare habileté d'exécution : deux dessins des *Bords de la Charente*, un autre des *Bords de la Vienne* et une *Vue prise à Cauterets*. Ceux qui connaissent ce causeur charmant, si répandu, occupé de tant d'intérêts sérieux et mondains, pourront-ils nous expliquer comment il peut dérober à des occupations multiples le temps de dessiner avec ce crayon viril, non des esquisses faciles et légères, mais de véritables tableaux composés avec art, exécutés avec une verve et un entrain incroyables? Cet artiste, car l'homme du monde s'efface ici, a de grandes qualités de mise en scène; ses paysages se décomposent bien en plans accentués; de vigoureuses silhouettes d'arbres prouvent un sentiment profond de l'architecture, de l'attitude et du rôle de ces robustes acteurs dans un paysage aux lignes sévères; les eaux ont de la transparence, et les joncs touffus qui y prennent naissance s'agitent bien sous le souffle de la brise. Examinez ces *Bords de la Vienne*, la *Vue prise à Cauterets*, et vous vous convaincrez qu'on peut être un grand coloriste avec ce modeste instrument qu'on appelle un fusain.

La *Route de Bathna à Alger* a pris sous le fusain et le crayon de M. Bellel un caractère de grandeur pittoresque tout biblique. Bien mieux que dans ses tableaux, cet artiste a su répandre la lumière et jeter de l'air au milieu de ce paysage désolé, de ces chemins rocailleux bordés de puissants contre-forts. Des groupes de chameaux d'un mouvement excellent donnent l'animation à cette remarquable composition. M. Bellel a su tirer un excellent parti des ressources bornées du fusain.

Sont-ils bravement campés les deux Orientaux de M. Bida! Quelle aisance dans leur attitude! Comme ils étalent fièrement l'arsenal de pistolets et de yatagans passé à leur ceinture! On voit que M. Bida a long-temps vécu dans l'intimité de ces condottieri orientaux, et que leurs physionomies lui sont bien connues.

La *Séduction* de M. Yvon ne rappelle pas les beaux dessins que l'œuvre du Dante lui avait ins-pirés. L'exécution est lourde, et les relevés de gouache dont il a cru les embellir ajoutent encore à ce défaut. Si le moujik qui cherche à séduire la robuste servante russe à laquelle il offre son chapelet est si dédaigneusement accueilli, il peut l'attribuer sans doute aux yeux incrustés dont M. Yvon l'a doté.

M. Barye est un grand sculpteur, un éminent artiste. Nous aurions de beaucoup préféré une collection de ses beaux bronzes aux quatre dessins qu'il a envoyés, quoiqu'ils aient quelques-unes des qualités de style que nous remarquons dans ses œuvres sculptées. Nous ne savons pourquoi il a tenu à les encadrer dans des paysages vert-de-gris ornés de rochers qui ressemblent à des ossements de mastodonte : de simples galbes auraient bien plus de caractère.

Deux belles aquarelles de M. Pallière, deux dessins de M. Borione, méritent également d'être signalés. Citons encore une grande aquarelle de M. Pelletier; un dessin à la sanguine de M. Chaplin, qui rappelle un peu ceux de Lancret ou de Bouché.

La sculpture compte un petit nombre de représentants à Limoges : les difficultés du transport s'y opposaient : aussi n'aurons-nous que quelques mots à dire d'un buste très-remarquable du *Chancelier d'Aguesseau* de M. Clère. Bien mouvementée, d'un bel accent, cette grande figure historique a été rendue avec autant de sévérité que de charme par cet artiste. L'expression est ferme et bienveillante ; la physionomie est fine, et doucement éclairée par l'intelligence. La majestueuse perruque, cet écueil, accompagne bien une tête remarquable, dont les modelés savants rappellent et fixent la vie.

Nous espérions trouver ici deux bustes bien vivants et passionnés de M. Arnaud : ils ne sont pas arrivés, et nous sommes obligé d'ajourner ce que nous avons à en dire au moment où nous traiterons des produits céramiques, car un fabricant très-intelligent de Limoges a eu l'heureuse idée de faire une réduction de ces deux admirables compositions.

M. Crauck a envoyé un très-joli bronze qui avait été exposé à Paris l'année dernière. Ce groupe, représentant *une Bacchante et un Satyre*, est bien posé ; le mouvement de la jeune prêtresse de Bacchus, sa physionomie voluptueuse et hardie, sont rendus avec beaucoup de verve et d'entrain.

Le Matin de M. Schrœder est un charmant buste

de femme en cornette. Nous n'osons trop approfondir ce sourire, qui accuse en fossettes tant de jolis modelés. Si nous complétions par l'expression des yeux ce qu'il veut dire, nous risquerions fort d'être indiscret. Regardez-la, pas trop cependant, car cette physionomie est si vivante, si spirituelle, qu'elle pourrait éveiller en vous mille pensées que nous ne nous chargerions pas d'exprimer. Que serait-ce, cher spectateur, si M. Arnaud avait envoyé sa *Bacchante?*

L'image de cet enfant endormi ramènera heureusement votre esprit à des sensations plus calmes, et vous reconnaîtrez avec nous que l'abandon du sommeil et de l'enfance est rendu avec quelque vérité.

Le *Buste de Mme Salmson* nous rappelle le nom de M. Ferru, artiste limousin que nous avons déjà rencontré la palette à la main. Malgré des incorrections sensibles dans l'attache de la tête et le mouvement des épaules, il y a dans ce buste une recherche sincère de la vérité, des modelés, qui doivent fidèlement rendre l'individualité et la physionomie du modèle. Nous aimons moins *l'Amour escamoteur*. Des chairs sans fermeté et sans dessous, des formes plus que négligées, ne sont pas rachetées par le mouvement. L'école maniérée dont M. Ferru s'est inspiré pour cette figure ne saurait être suivie sans danger que lorsqu'on est très-fort. Sachons gré toutefois à cet artiste des efforts honorables que révèlent ces tentatives. Quand il faut s'arracher aux traditions d'un art décoratif tombé en décadence, il est on. ne peut plus méritoire de chercher à se retremper par de sérieuses études. M. Ferru entre dans une bonne voie, et nous lui payons avec plaisir notre tribut d'encouragements.

Une statue d'*Hébé*, en marbre, nous avait été annoncée par M. Veeck : nous n'en connaissons encore que la photographie. Elle nous inspire le vif regret de n'avoir pas à rendre compte des impressions que l'original nous aurait données du talent de cet artiste.

REVUE

DES OBJETS D'ART EN PORCELAINE

Nous voici en présence de l'Exposition des produits artistiques en porcelaine envoyés par les principaux fabricants et décorateurs de Limoges. Devons-nous dire loyalement et sans arrière-pensée notre impression? — Il ne s'agit ici, bien entendu, que de la forme : nous laissons à de plus compétents que nous le soin de juger du mérite industriel des pièces exposées. Un scrupule nous prend cependant : comment séparer ce qui, dans toute chose pratique, est indissolublement uni, le but et les moyens, la recherche de l'art et les procédés d'exécution? Nous ne jugerons donc pas : nous présenterons des observations, sans donner à nos conseils et à nos appréciations de rigueur absolue. Nous nous sommes assez rendu compte des difficultés de la fabrication pour comprendre que le champ des tentatives dans l'ordre décoratif n'est pas illimité ; que l'emploi de certaines formes est presque obligatoire en raison du retrait et des déformations à prévoir dans la cuisson.

C'est donc sous ces réserves que nous formulerons une opinion.

Notre impression, il faut l'avouer, n'a pas été aussi favorable que nous l'avions espéré : nous nous étions fait une idée plus élevée de l'industrie limousine. Cette uniformité des modèles, cette recherche du caprice et des fantaisies décoratives, sans autre règle que le désir d'arriver à la nouveauté, nous indiquent l'absence ou le mépris des lois de l'harmonie. Les profils, les courbures, les ressauts, les proportions entre le col, le corps et les pieds des vases et buires, sont loin d'être chose indifférente ou arbitraire. Un allongement ou un raccourcissement des diamètres dans une forme donnée ne peut constituer une invention. Il est bien évident que, en tourmentant un profil, en l'étouffant sous une prodigalité d'ornements, on réduit son effet au lieu de l'exalter. Les difficultés de fabrication devraient indiquer la limite infranchissable entre la céramique et l'orfèvrerie, et la nécessité de se maintenir dans un cercle de types purs et harmonieux, qu'on varierait par une ornementation sobre, par une coloration prudente des fonds, en laissant à la matière première l'importance qu'elle doit à sa pureté, à sa finesse et à sa transparence.

Une règle à observer, nous le croyons, d'une manière absolue, et que nous voyons généralement méconnue, est d'écarter les formes compliquées qui conviennent au bronze et aux métaux précieux. Une loi non moins impérieuse du goût doit proscrire ce que nous appellerons, si l'on veut, le réalisme dans l'ornementation. Nous croyons que l'emploi des figures animées ne doit s'y produire qu'en leur enlevant ce qu'elles ont de positif, de rigoureux dans la forme et la coloration. Vouloir rendre des personnages, des fleurs, un paysage, avec leur tonalité et leur précision naturelle est le plus souvent une vaine tentative et, à ce qu'il me semble, une erreur.

C'est subordonner le principal, qui est la forme, le galbe, l'architecture des pièces, à leur décoration. Voyez les vases grecs : une simple ligne, quelques méandres autour du col, suffisent pour leur constituer une adorable parure. Quand ils sont ceints d'une frise avec personnages, ceux-ci s'accusent par un simple trait et une ou deux teintes plates d'une coloration peu intense. Quand, au lieu de lignes et de figures, ce sont des feuillages, ils sont répartis sur le fond, qu'ils sèment ou contournent comme par un véritable caprice. Essaient-ils de donner l'impression de la nature ? Non : rarement ils ont la coloration naturelle, ou, s'ils la simulent, c'est dans une gamme sourde. Il en est de même pour les vases chinois, japonais, pour les majoliques, pour les faïences françaises. Rien de détestable comme ces lourds bouquets, toute cette ornementation de Sèvres, affichant des prétentions à l'art proprement dit, et arrivant péniblement à la difficulté vaincue.

Une troisième règle me paraît devoir proscrire dans l'ornementation peinte la simulation des reliefs. A quoi bon, quand on peut donner des saillies réelles, recourir à des artifices trop souvent maladroits? Une subordination absolue à la forme architecturale, un simple accompagnement, point d'usurpation d'importance dans la décoration : telle nous paraît être la loi. C'est en s'y conformant que les œuvres anciennes ont conservé l'éternelle jeunesse, la beauté éternelle qui est l'apanage de la vérité.

M. Henri Ardant est sans conteste le premier, le plus intelligent des fabricants de porcelaine d'art de Limoges. Depuis quelques années, avec une louable persévérance, il lutte contre les difficultés de la fabrication et, il faut le dire, contre le mauvais goût des consommateurs, pour introduire des améliorations dans cette branche trop négligée de l'industrie limousine. On aperçoit dans le choix plus épuré de ses formes et des motifs de son ornementation une louable recherche de l'harmonie. Sans être complètement satisfait, nous constatons avec plaisir que ce fabricant est resté toujours élégant. La supériorité de ses produits sur ceux des

autres exposants est manifeste. Nous avons surtout
remarqué deux vases dont les proportions sont
harmonieuses, mais dont l'ornementation nous
paraît trop surchargée. Nous y voyons plus de
difficultés vaincues que d'heureuses intentions. A
quoi peut servir cette série de détails qui affadis-
sent la ligne, et rappetissent les profils en les
surchargeant? Faire preuve de richesse n'est pas
toujours faire montre de bon goût. Des détails qui,
dans l'orfèvrerie, ont leur raison d'être en raison
de la souplesse du métal, des effets qui tiennent à
sa couleur, son éclat ou sa malléabilité, ne sauraient atteindre le même but dans la céramique.
M. Henri Ardant a eu l'heureuse pensée de s'em-
parer, au profit de son industrie, de deux
des œuvres de l'un de nos statuaires les plus
distingués, M. Arnaud. Les difficultés à surmonter étaient considérables. Il s'agissait de ré-
duire, sans altérer leurs proportions, les deux
charmants bustes qu'on peut voir dans la galerie,
et dont la séduction consiste surtout en modelés
bien purs et bien vivants. Il fallait tenir compte
de retraits considérables, inégaux dans les diamètres, de déformations inévitables. M. Henri
Ardant est sorti vainqueur de ces difficultés :
ses deux réductions en porcelaine rendent bien
le charme voluptueux des figures de M. Arnaud,
la vie qui palpite sous leurs chairs et l'intelligence

qui respire dans leurs traits ; ce quelque chose qui est la réalité morale et matérielle, et que la statuaire obtient si rarement de son ciseau. Il était difficile de choisir des modèles plus séduisants, et de parvenir à leur conserver, dans leur métamorphose industrielle, la plupart des qualités qui en font à si juste titre une des meilleures œuvres de notre temps.

Citons, après M. H. Ardant, MM. Gibus et Cie, dont les produits sont élégants de forme et d'une belle exécution. Nous avons remarqué un thé de ces fabricants, très-simple, très-compris de lignes.

M. Lesme a fait quelques excursions hors du domaine proprement dit de la porcelaine ; nous ne l'encouragerons pas dans cette voie. Ses plats genre Bernard de Palissy sont d'une réussite insuffisante. Comme coloration et beauté d'émail, ce fabricant reste bien au-dessous d'Avisseau de Tours et de quelques-uns de ses imitateurs. Pourquoi d'ailleurs appliquer à la porcelaine une ornementation qui appartient essentiellement à la faïence et aux grès ? Déguiser la beauté de la matière, sa transparence, nous paraît une erreur. Une autre tentative pour imiter l'orfèvrerie, ses nielles, ses ciselures, mérite les mêmes reproches, et appelle les mêmes critiques. Nous rendons justice à la difficulté vaincue ; mais est-ce bien là le but à poursuivre ?

Nous donnerons une complète adhésion à une autre innovation , appelée, selon nous , à prendre une certaine importance , et à fournir aux artistes de nouvelles ressources décoratives : nous voulons parler des additions d'émaux sur porcelaine. La difficulté était d'obtenir une adhérence complète, une incorporation à la pâte : elle est résolue. Il ne s'agit plus que de rechercher des colorations plus harmonieuses , et d'en faire une application intelligente : c'est là encore une question réservée. Applaudissons toutefois aux essais de M. Dufreisseix : ils ouvrent une nouvelle voie.

M. Baylac est un artiste habile. Le modèle de buire qu'il a exposé est une fort jolie chose, découpée avec autant d'intelligence que de goût. Mais est-ce bien là un modèle destiné à la céramique ? Nous en doutons. Des profils aussi délicats conviennent à l'orfèvrerie : je doute que leur traduction par la céramique donne d'heureux résultats.

Pourquoi MM. Dalpeyrat et Parot ont-ils eu la malencontreuse idée de copier sur plaque des peintures dont ils n'ont su rendre ni le dessin ni la coloration ? Cette ambitieuse tentative a été couronnée, comme le sont très-souvent les essais imprudents, par l'insuccès. M. Landry a été plus heureux : ses fleurs et ses fruits sont assez largement peints; mais, nous le répétons encore, nous ne voyons là qu'une difficulté vaincue, et ce n'est pas, selon nous la voie à suivre.

Terminons cette rapide revue des produits de la principale industrie limousine par quelques réflexions générales qui nous paraissent devoir trouver place ici :

Un fait affligeant nous a été révélé : il ne se fait plus d'élèves sérieux dans les fabriques depuis quelques années ; les ouvriers qui connaissent l'ensemble des manipulations nécessaires pour l'achèvement des pièces deviennent de plus en plus rares ; il est presque impossible de rencontrer dans les jeunes générations un directeur d'atelier compétent, un modeleur instruit, un décorateur inventif, et le moment est proche où les travailleurs seront réduits à n'être plus que des manœuvres, ou tout au moins de simples rouages purement passifs, incapables de toute initiative et de tout progrès. A quoi cela tient-il? Est-ce à une spéculation des patrons, qui, pour conserver leurs ouvriers et maintenir la main-d'œuvre à des prix inférieurs, auraient subdivisé et décomposé le travail à l'infini? Tel n'est pas le cas : ce sont les ouvriers qui, d'eux-mêmes, et par un bien faux calcul, se sont prêtés à ce morcellement de leurs facultés, à cette délimitation exagérée de leurs aptitudes qui est le gage de leur dégradation intellectuelle. Aucun d'eux ne veut plus consentir à un apprentissage complet, et, dès qu'ils ont acquis juste l'habileté nécessaire pour exécuter une pièce, ils ne font plus aucun effort pour embrasser les diverses parties de leur profession, et devenir de véritables artisans, encore moins des artistes. Nous savons qu'il y a des excuses à ces déplorables tendances ; nous savons que la nécessité de venir promptement en aide à leurs familles, de subvenir rapidement à leurs besoins, poussent les travailleurs à tirer promptement parti de leur habileté relative, compensant par la quantité des produits ce qui manque à leur bonne et intelligente fabrication. Tout cela explique, sinon justifie le dédain de la perfection dans lequel ils sont tombés ; mais cela rend compte également de l'abaissement corrélatif qui se remarque dans leurs mœurs. Combien il en est qui s'adonnent aux vices les plus grossiers, dissipant dans les cabarets et les mauvais lieux le salaire attendu par leurs familles, engageant d'avance leurs quinzaines auprès de débitants sans scrupules, désertant leur intérieur pour les bouges où ils s'enivrent, tandis que leurs femmes et leurs enfants manquent du nécessaire !...

Il n'en faut pas douter, cette corruption des mœurs tient à un abaissement de la dignité, à l'atrophie des facultés intellectuelles qui résulte de leur inertie. Si l'esprit concourait pour une part quelconque dans leur travail ; s'ils portaient quelque intérêt dans leurs fonctions par un emploi plus varié et surtout moins passif de leur activité, l'élément moral ne perdrait pas son ascendant. L'avilissement de l'âme procède toujours de l'avilissement de la pensée, et, de misères physiques en misères intimes, l'ouvrier descend cette échelle sociale que, depuis un siècle, on s'applique à lui faire remonter pour le rendre digne des droits de cité.

Pour être honorable, il faut être intelligent. Il n'est morale qui tienne devant l'occasion chez celui qui n'a pas l'habitude de soumettre ses actes à la réflexion. La première éducation de l'esprit pour l'ouvrier, c'est la comparaison dans les procédés du travail qui s'accomplit sous ses yeux. Un grand penseur a dit que toute profession, quelle qu'elle fût, était une philosophie, et que les mêmes procédés employés pour se rendre compte de l'intervention des forces naturelles ou humaines dans tout fait de production pouvaient servir à résoudre les problèmes les plus compliqués de la science. Cela est vrai, et vrai surtout dans une profession comme celle de porcelainier. Étude des substances employées et de l'action de la chaleur sur elles ;

étude des modifications qui surviennent dans la
température des fours, des conditions de la bonne
construction des appareils, de l'emploi des oxydes
métalliques destinés à la décoration, de l'action du
feu sur les pâtes et les couvertes, du maniement
du tour, des rapports dans les formes, de la structure, de l'agencement des lignes, des creux et des
reliefs, etc. : que sais-je ? la physique, la chimie,
l'architecture, le dessin, la peinture, tout est en jeu
dans cette manipulation de la porcelaine, et, de
déductions en déductions, un esprit réfléchi, qui ne
resterait pas étranger aux phénomènes auxquels il
concourt, aurait bientôt conquis une science véritable : il n'aurait plus qu'à apprendre la nomen-
clature scientifique des faits observés par lui pour
être un savant dans le bon sens, dans le sens utile
du mot. Il aurait l'esprit occupé ; il jouirait par
l'intelligence, et ne tarderait pas à préférer ces
satisfactions infinies à des jouissances grossières
qui produisent plus de fatigue que d'allégement
quand on arrive à les rechercher pour elles-mêmes.
C'est que l'esprit est un magicien qui tire un monde
de créations de l'objet le plus infime. Seul, il ne se
fatigue jamais ; seul, il possède la faculté de se dé-
velopper indéfiniment ; seul, il donne des joies qui
n'amoindrissent pas la part d'autrui. Il constitue,
nous le répétons à satiété, la dignité, et l'homme
digne est l'égal de tous.

Nous ne sommes pas partisan de l'intervention de l'État hors de ce qui est son domaine, tant son immixtion exagérée entraîne de conséquences déplorables pour la liberté et l'initiative individuelles ; mais nous ne pouvons nous refuser à nous faire l'écho d'un vœu favorable à l'organisation de l'enseignement professionnel dans la ville de Limoges par le concours de la Municipalité et du Gouvernement. Une fabrique communale serait érigée en école professionnelle où des élèves, admis gratuitement ou sur engagement d'apprentissage, apprendraient successivement toutes les manipulations du métier, et recevraient les notions scientifiques indispensables à l'intelligence de leur profession. On obtiendrait ainsi des chefs d'atelier capables, des modeleurs et décorateurs connaissant les conditions à remplir pour répondre aux besoins et aux difficultés de la fabrication.

Il est certain qu'il faut trouver un remède à l'abaissement progressif qui se remarque dans le moral et l'intelligence des ateliers, et nous n'en voyons pas d'autre que le rétablissement de l'éducation professionnelle complète telle que la concevaient et la pratiquaient les corporations d'arts et métiers. Reprenons au passé ce qu'il avait d'utile et de fécond, en évitant les abus dans lesquels il est tombé ; rétablissons le faisceau rompu des arts, de la science et de l'industrie, sans constituer d'autre privilége que le concours.

Qui le croirait? Limoges n'a pas de musée céramique. Cette ville, centre d'une industrie qui forme une branche importante de notre commerce extérieur, ne renferme pas une collection complète, choisie, des produits de cet art, aussi ancien que la civilisation. Tandis que nos musées regorgent de poteries égyptiennes, grecques, étrusques, mexicaines, chinoises, italiennes, françaises, etc., des meilleures époques, nous ne trouvons rien ici qui puisse former le goût des modeleurs, des ornemanistes, des décorateurs ; leur donner idée des galbes purs, des profils savants, des formes sévères ou pittoresques, simples ou complexes, mais harmonieuses toujours, que les siècles inspirés ont léguées au temps présent comme un précieux héritage. Entassés avec profusion, en multiples exemplaires, sur les tablettes souvent inaccessibles aux regards de nos établissements publics parisiens, des modèles précieux restent accumulés pour le seul profit de quelques archéologues de profession, dont la science stérile n'exerce aucune influence sur le goût général.

A Limoges point de cours publics où l'ouvrier avide de connaître puisse s'initier aux grands côtés de sa profession ; point de démonstrations pratiques des procédés ingénieux, des méthodes régulières, à l'aide desquels les corps d'arts et métiers répandaient les notions de la beauté en donnant aux produits les plus vulgaires un charme divin.

Où d'ailleurs les hommes de bonne volonté et de savoir qui accepteraient la mission de régénérer la fabrication de cette ville trouveraient-ils des moyens de démonstration? N'est-ce pas aux représentants de la Haute-Vienne à appeler l'attention du Gouvernement sur de pareilles lacunes, qu'il peut combler sans appauvrir ses collections? La ville elle-même doit-elle se borner à de simples vœux quand l'avenir de l'industrie porcelainière est si impérieusement intéressé, quand il y a nécessité de resserrer le faisceau disjoint des arts et de l'industrie, et de rétablir les conditions d'une réaction des premiers sur la dernière?

C'est à la recherche des moyens à employer pour atteindre ce but que la Société des Amis des Arts du Limousin s'est appliquée ; c'est pour cet objet principal, mais non exclusif, qu'elle a provoqué une Exposition des œuvres d'art de nos meilleurs artistes modernes, et qu'on même temps elle a fait appel aux fabricants, modeleurs et décorateurs de porcelaines, cette industrie essentiellement limousine, qui a repris dans un ordre trop inférieur, il faut le reconnaître, la tradition artistique que lui avait léguée l'ancienne émaillerie.

En voyant ce que quelques-uns des principaux fabricants et décorateurs ont envoyé pour répondre à l'appel qui leur a été fait ; en constatant le triste esprit de rivalité, les préoccupations exclusivement mercantiles ou l'indifférence étrange qui en ont retenu beaucoup, nous avons le cœur tout contristé. Nous ne désespérons pas cependant, car ce n'est pas du premier coup qu'on arrive au bien : toutes les propagandes généreuses n'ont pas déterminé instantanément des convictions efficaces, et le mérite des initiateurs serait mince si la foi était d'une communication soudaine.

Le Conseil général et le Conseil municipal, nous n'en doutons pas, s'associeront à nos vœux pour l'institution, à Limoges, d'enseignements qui relèveraient le sens moral des populations ouvrières, les feraient croître en dignité, en respect d'elles-mêmes, en leur inspirant un goût plus pur, en créant cet esprit local, ce patriotisme industriel qui rapproche les classes et les fonctions, et donne à chaque cité d'une grande nation une influence décisive sur la destinée et la grandeur collectives.

LISTE ALPHABÉTIQUE

Des Artistes nommés dans ce Compte-Rendu.